Nikolay Kurdyumov

CLEVER GÄRTNERN im Gewächshaus

Selbstversorgung

Permakultur

Bibliografische Information der Deutschen Nationalbibliothek:
Die Deutsche Nationalbibliothek verzeichnet diese Publikation in der Deutschen Nationalbibliografie; detaillierte bibliografische Angaben sind im Internet unter **http://dnb.d-nb.de** abrufbar.

OLV Organischer Landbau Verlag Kurt Walter Lau,
Im Kuckucksfeld 1, 47624 Kevelaer
info@olv-verlad.de | www.olv-verlag.eu

Übersetzung aus dem Russischen: Olga Felix und Franz Felix
Satz und Gestaltung: Danka Wijnhoven, OLV
Druck und Bindung: Interpress, Budapest

Klimaneutral Druckprodukt
ClimatePartner.com/12667-2304-1004

ISBN: 978-3-922201-98-4

MIX
Papier aus verantwortungsvollen Quellen
FSC® C114504
www.fsc.org

Fordern Sie unverbindlich unser Verlagsprogramm an!

Nikolay Kurdyumov

CLEVER GÄRTNERN
im Gewächshaus

Fachverlag für
Garten und Ökologie

OLV ORGANISCHER LANDBAU VERLAG
KURT WALTER LAU

Der Autor

Nikolay Ivanovich Kurdyumov, Jahrgang 1960, geboren in Adler, Stadtkreis Sotschi, in Russland. In den 1980er Jahren studierte er an der Timirjasew-Akademie in Moskau (Russische staatliche Agraruniversität; älteste landwirtschaftliche Hochschule Russlands). So kam er zu seinem Beruf Gärtnermeister.
Nikolay Kurdyumov lebte unter anderem im fernen Osten Russlands am Fluss Amur, später an der Wolga und sammelte dabei gärtnerische Erfahrungen aus den verschiedenen Klimabereichen dieses großen Landes. Heute lebt der durch seine Bücher international bekannte Gartenexperte und Autor mit nunmehr Spezialisierung auf das südliche Russland wieder in seinem Geburtsort an der russischen Schwarz - meerküste. Hier experimentiert Nikolay Kurdyumov mit naturnahen Anbautechniken zur Gartenselbstversorgung und Permakultur. Insgesamt hat der Bestsellerautor bis heute 10 Bücher geschrieben, von denen etliche in andere Sprachen übersetzt wurden.

Inhaltsverzeichnis

Über dieses Buch

Wozu schreiben wir Bücher? Ah, weil man manchmal Lust hat, etwas Nützliches zu lesen, wissen Sie ...

Das vorliegende Buch setzt meine international erfolgreiche Buchreihe CLEVER GÄRTNERN fort. Es geht in diesem Buch darum, worüber man nachdenken sollte, um ein Gewächshaus zu errichten, das keine Probleme bereitet und auch wirklich einen guten Ertrag abwirft. Falls Sie noch kein Gewächshaus haben, können Sie aufgrund der vielen Ratschläge in diesem Buch viele Probleme von vorneherein vermeiden, wenn Sie eines bauen. Falls Sie bereits ein Gewächshaus besitzen, werden Sie rasch merken, was Sie ganz bestimmt noch verbessern können.

Ein großer Vorteil dieses Buches ist, dass es von den tatsächlichen Erfahrungen verschiedener Gartenpraktiker, Handwerker und Wissenschaftler berichtet. Meine Erfahrungen sind auch dabei. Hier ist nichts erfunden – alles wurde praktisch erprobt und getestet.

Ein Nachteil des Buches ist, dass es keine perfekte Gewächshauskonstruktion anbietet. Eine universelle Bauart gibt es schlicht und einfach nicht. Ich beschreibe hier detailliert die allgemeinen Prinzipien und Parameter. Die Umsetzung ist jedoch je nach Klimazone, Verwendungszweck und Ihren persönlichen Möglichkeiten und Voraussetzungen total anders. Ich bin aber sicher, dass jeder von Ihnen seinen Weg findet, um die passende Konstruktion für sich selber zu entwerfen oder aber auch ein bereits bestehendes Gewächshaus zu verbessern.

Möglicherweise wird Ihnen der Text des Buches nicht so einfach vorkommen. Daher gilt wie immer: Lesen Sie das Buch langsam. Besondere Aufmerksamkeit schenken Sie bitte den Berechnungen. Es ist wie ein ungeschriebenes Gesetz: Wenn Sie das Interesse am

Lesen plötzlich verlieren, einen Protest verspüren oder zu gähnen beginnen, dann haben Sie meist nur eine Formulierung nicht ganz nachvollziehen können. Vielleicht haben Sie nur ein **einzelnes Wort falsch verstanden. Das führt dazu, dass die Bedeutung des Textes unklar wird**. Sie können mir glauben, so weiterzulesen ist sinnlos. Nach diesem unklaren Wort bleibt im Gedächtnis eine Lücke. Machen Sie besser eine Pause. Dann kehren Sie an die Textstelle zurück, an der für Sie noch alles klar und interessant war.

Finden Sie den „rätselhaften" Satz. Finden Sie darin das Wort, das für Sie nicht ganz klar ist. Enträtseln Sie die Bedeutung und alles wird wieder gut! Ein Wörterbuch (auch online) kann da schnell Klarheit schaffen. Wie üblich versuche ich möglichst wenige schwer verständliche Wörter zu verwenden oder erkläre diese gleich. Aber seien auch Sie aufmerksam.

Zu guter Letzt mein klassischer Rat: Nehmen Sie das Gelesene nicht als selbstverständlich hin. Nehmen Sie es zur Kenntnis. Noch niemandem ist es gelungen, allein durch den Glauben an ein Allheilmittel oder durch das Kopieren der Versuche anderer Menschen, wirklichen Erfolg zu erzielen. Tun Sie, was jeder erfolgreiche Meister tut: Er beobachtet und denkt. Dieses Buch ist ein echtes Lehrbuch des Denkens!

Nikolay Kurdyumov

Wozu brauchen wir Gewächshäuser?

Es werde ... ein Dach über uns!

Wozu bauen wir Gewächshäuser? Die Mehrheit aller Gärtner wird diese Frage überraschen: „Was soll die Frage? Ist doch klar, für die Wärme!“ Aber diese Frage ist nicht so simpel, wie sie scheint. In der Tat erwarten wir, dass das Gewächshaus alle unsere Gartenprobleme löst. Wir möchten von ihm ideale Bedingungen für unsere Pflanzen – bei jedem Wetter, Tag und Nacht! Wir möchten, dass darin alles doppelt so gut wächst und gedeiht und das bitte auch noch viel früher und deutlich länger als im Freiland. Zudem soll es dort bitte auch kein „Unkraut“ geben, keine Krankheiten oder Dürre und auch keine anderen Stresssituationen. Wozu bauen wir es denn sonst?

Tatsächlich gibt es solche Gewächshäuser. Das sind vollkommen automatisierte Gewächshauskomplexe von mehreren Hektar Größe. Die notwendigen Bedingungen werden dort mittels fortschrittlicher Technologien, insbesondere mit der Unterstützung von Computern, erzeugt. Für uns Selbstversorgergärtner stehen solche Technologien kaum zur Verfügung. Wir beschränken uns auf kleine Gewächshäuser mit einer transparenten Eindeckung. Die Folge davon ist, dass wir diese kleinen Gewächshäuser, an die wir uns so gewöhnt haben, kaum als „clevere Gewächshäuser“ bezeichnen können.

Ich verrate Ihnen einen „Geheimnis“: Eine einfache Abdeckung aus durchsichtigen Deckmaterialien bietet keine guten Bedingungen! Es kommt noch dicker: Oft fühlen sich die Pflanzen in solchen Gewächshäusern deutlich schlechter als im Freiland. Nicht viele Gärtner wissen, dass durchsichtiges Material, sogar Polycarbonat, die Wärmeabstrahlung nicht verhindert und deswegen auch nicht gegen Strahlenfrost schützt. Vor Sonnenaufgang ist es darunter genausо kalt wie draußen. Zu wenige Gärtner machen sich auch Gedanken über eine Überhitzung. Bei Sonnenschein kommt es bereits im April schon in den frühen Morgenstunden unweigerlich zu einer Überhitzung, wenn man vergisst, das Gewächshaus zu öffnen. Dabei wird schlichtweg ausgeblendet, dass solche massiven Temperaturschwankungen für die Pflanzen viel schlimmer sind als die kalte Nachtluft. Rechnen Sie dann noch den kalten Frühlingsboden dazu, der für die mitteleuropäischen und nördlichen Regionen üblich ist. In einem kalten Boden entwickeln sich die Pflanzenwurzeln nicht und die Blätter vergehen bei plus 40 Grad Celsius fast vor Hitze. Dann kommt noch der Durchzug von den Fensteröffnungen mit feuchter, krankheitsfördender Luft hinzu. Sind das nicht geradezu ideale Bedingungen für Pilzerkrankungen und einen Befall mit saugenden „Schädlingen"? Und im Sommer kann man sich im Gewächshaus nicht nur um die Pflanzen kümmern, sondern gleichzeitig einen Saunagang für hartgesottene Gärtner erleben!

Was also soll Ihr Gewächshaus bieten, um die Pflanzen vor all diesen Stressfaktoren zu schützen?

1. **Eine angenehme, stabile Temperatur ohne starke Schwankungen.** Zum Beispiel soll die Temperatur in der Nacht nicht tiefer als bei plus 10 bis 12 Grad Celsius und tagsüber nicht höher als bei plus 28 bis 30 Grad Celsius liegen. Und das im Frühling und Sommer, zu jeder Tages- und Nachtzeit und bei jedem Wetter! In einem Sommergewächshaus, das nicht geheizt wird, braucht es eine Wärmeakkumulation für die Nacht, einen effektiven Abtransport der heißen Luft und automatische, temperaturgesteuerte Fensteröffnungen.
2. **Einen warmen Boden**, der idealerweise nicht kälter ist als die Luft. Plus 18 bis 25 Grad Celsius zum Zeitpunkt der Salatauspflanzung sind in Ordnung. Darüber schreibt man praktisch nie, aber für die Pflanzen ist eine warme Bodentemperatur viel wichtiger als eine warme Lufttemperatur.
3. **Eine optimale Reduktion der Sonneneinstrahlung** ist für die Bewohner warmer Gebiete und Steppen wichtig, also eine Teilbe-

schattung. Auf gut Deutsch: Schutz vor der Gluthitze! In den südlichen Regionen Russlands muss die Sonnenenergie um 30 bis 50 Prozent reduziert werden. Mit der Drosselung des Sonnenstresses im Juli und August *verdoppeln* Sie die Photosynthese ohne jeglichen Dünger.

Das sind die drei wichtigsten Voraussetzungen. Aber diese Bedingungen erfüllt kein im Handel erhältliches Sommergewächshaus. Sie gelten als nicht realisierbar und deshalb redet man darüber nicht einmal.

4. Eine sanfte Luftbewegung – der wichtigste Faktor für ein gutes Wachstum der Pflanzen. Möglicherweise ist genau dies der wichtigste positive Faktor aller Gewächshäuser. Noch besser ist es, wenn diese Luft mit *Kohlendioxid* angereichert ist. Kohlendioxid entsteht aus dem *verrottenden organischen Material* des Bodens und aus Mulch.

5. Eine optimale Konstruktionsform unter Berücksichtigung des Klimas und der Windrichtung. Hohe Seitenwände beispielsweise bewirken einen großen Segeleffekt und begünstigen einen unerwünschten Wärmeverlust wegen ihrer großen Oberfläche. Ein in den Boden abgesenktes Gewächshaus, fast ohne oberirdische Wände, ist extrem widerstandsfähig und wärmespeichernd.

6. Einen lebendigen Boden mit nahrhaftem Mulch. Wir wollen schließlich die Gesundheit unserer Pflanzen nicht aufs Spiel setzen, indem wir sie mit Düngemitteln über- oder fehlernähren. Überschüssiger Stickstoff fördert Krankheiten und die Massigkeit der Pflanzen auf Kosten des Ertrags.

7. Eine Tropfbewässerung direkt auf dem Mulch am Boden oder unter einem Deckmaterial, um keine Staunässe zu fördern, um die Blätter nicht zu betropfen und den Boden nicht übereifrig zu überschwemmen. Trockene Luft und eine optimale Bodenfeuchtigkeit sind die wichtigsten Faktoren, um Krankheiten vorzubeugen. Versuchen wir nun, diesen Idealen möglichst nahe zu kommen. Ich zeige Ihnen alle Möglichkeiten, von denen ich bislang erfahren habe.

KAPITEL 1

Das ideale Mikroklima

Sanfte Luftbewegung

In einem cleveren Garten herrscht nahezu Windstille. Wind verstärkt den Temperaturstress massiv. Außerdem fördert ein guter Windschutz die Anreicherung der Luft mit Kohlendioxid (CO_2). Sie können sich gar nicht vorstellen, wie effektiv diese Faktoren sind. Hier gebe ich Ihnen die Ausgangszahlen an:

1. Trockener, warmer Wind, wie zum Beispiel Föhn, zwingt die Pflanzen, unproduktiv *vier- bis sechsmal mehr Wasser zu verdunsten,* als für die Entwicklung des Ertrages nötig ist.
2. Gleichzeitig *trocknet der Boden ebenfalls dreimal* schneller aus.

Verstehen Sie, was die meisten von uns tun? Wir bringen die Pflanzen dazu, rund fünfmal mehr Wasser als nötig in die Luft abzugeben, und gleichzeitig fördern wir die Austrocknung des Bodens. Parallel beschäftigen wir uns genau wegen unseres Fehlverhaltens intensiv mit der Bewässerung! In dieser Situation ist es egal, wie viel man gießt, denn die Ernte wird trotzdem bescheiden ausfallen. Das ist ein klassischer Teufelskreis. Die Pflanze verwendet all ihre Kräfte für das Durchpumpen unnötiger Wassermengen und für den Kampf gegen den Stress; trotzdem herrscht ständig Wassermangel!

Eine leichte, sanfte Luftbewegung ist ideal für die Verwertung des Kohlendioxids in der Photosynthese. Es herrscht weder Wind noch vollständige Windstille, sondern ein langsamer Zustrom neuer Luft. So erreichen Sie ein Optimum an CO_2-Versorgung.

Es gilt also zu verhindern, dass der heiße Sommerwind den Boden austrocknet, den Pflanzen über die Blätter das gespeicherte Wasser entzieht, und dass der eisige Wind im Winter den Knospen und Zweigen die Feuchtigkeit raubt.

Haben Sie schon mal gesehen, wie gefrorene Wäsche im winterlichen Wind trocknet? Ein paar Beispiele aus Russland: In Rostov und Stavropol kennt man das Phänomen – bei den Pfirsichen frieren im Winter jeweils nur jene Triebe ab, die über die Umzäunungswände hinausragen.

In Sibirien weiß man, dass Obstbäume nur im Windschatten eine Chance haben, den kritischen Frost zu überstehen.

In unserer windigen Zone, wo ich wohne, am Übergang des Vorgebirges zur Steppe, sind im Winter 2005/2006 alle Walnussbäume bis „zur Schulter" abgefroren und einige sind sogar eingegangen. Bei uns wachsen sie nicht höher als 10 bis 12 Meter. Im gleichen Winter haben die 25 Meter hohen Walnussbäume in Kamennomostski, auf einer Höhe von 500 Metern über dem Meer und bei identischen Frosttemperaturen, nicht ein einziges Mal niesen müssen. Diese gigantischen, graziösen Riesen mit ihren immensen Blättern sind eine wahre Augenweide. Auch andere Baumarten überwinterten ähnlich gut. Der Grund ist einleuchtend.

Ein steiler Bergrücken beschert Kamennomostski Schutz vor dem Wind. Es herrscht beinahe vollständige Windstille im Ort. Ein Paradies! Manchmal träumte ich sogar davon, dort zu wohnen ...

Im „Zentrum der natürlichen Landwirtschaft Sijanie" hat man die Wirkung des Windes beziehungsweise der Windstille bewusst untersucht. Dmitry Ivantsov aus Novosibirsk, zum Beispiel, schützte einen Teil seiner Bepflanzungen mit Polycarbonatzäunen. Ein anderer Teil der Pflanzungen blieb auf dem Feld dem Wind ausgesetzt. Der Zustand der Pflanzen hätte unterschiedlicher nicht sein können. Die Herbstvegetation der windgeschützten Apfelbäume verlängerte sich um zwei Wochen und im Frühling „erwachten" sie mindestens eine Woche früher und blühten rasant. Die Frostschäden waren an diesen Bäumen deutlich geringer als jene an ihren ungeschützten „Feldkameraden". Innerhalb von zwei Jahren sind die vom Wind geschützten Bäume fast doppelt so hoch gewachsen. Himbeeren und auch andere Pflanzen verhielten sich identisch.

Im „Windschatten-Garten" des Dimitrij Zemskoj aus Sankt Petersburg startet die Saison zehn bis zwölf Tage früher und dauert einige Wochen länger. **(Abb. 1)**

Abb. 1

Alles wächst so, als ob der Garten nicht in der Nähe des Ladogasees (bei Sankt Petersburg) läge, sondern im Voronesch (gut eintausend Kilometer südlich von Sankt Petersburg gelegen; *Anm. d. Übersetzer*). Ohne mich einschmeicheln zu wollen – eine solche Konstruktion ist bereits ein Gewächshaus erster Stufe.

Übrigens: Solche Konstruktionen baute der legendäre russischer Gärtner Efim Andreevich Grachev schon im 19. Jahrhundert. Einige Jahre in Folge begeisterte er die Europäer an der Pariser Ausstellung mit gigantischem, unglaublich schmackhaftem Gemüse: Kohlköpfe mit einem Gewicht von 35 bis 40 Kilogramm, Rüben von drei Kilogramm, Kartoffelknollen von einem Kilogramm, sehr süße Melonen und Wassermelonen aus eigener Aufzucht. Sein Garten war mit verschiedenen Flechtzäunen in Parzellen unterteilt. Diese Abschirmungen schafften nicht nur relative Windstille, sie wärmten sich auch auf und strahlten die Wärme bei der Temperaturabsenkung ab. Außerdem regulierten sie die Sonneneinstrahlung. Während einige Kulturen eine teilweise Beschattung mögen, lieben andere die direkte Sonneneinstrahlung. Flache, mit Mist gefüllte Gruben führten den Pflanzen zudem Kohlendioxid zu. Im Windschatten befindet sich in der Nähe des Bodens viel mehr Kohlendioxid, als wenn der Wind das Gas wegträgt. Genau das ist für die Pflanzen sehr förderlich.

KAPITEL 2

Das Kohlendioxid (CO_2)

Erfahrungen der Gewächshausbetreiber haben eines gezeigt: Die größte Ertragszunahme erzielt man, wenn die Konzentration des Kohlendioxids in der Luft 0,3 bis 0,8 Prozent beträgt. Wenn sie noch höher ist, nimmt der Ertrag nicht weiter zu. Ab 2,0 bis 2,5 Prozent CO_2 in der Luft setzt die Wachstumshemmung und schließlich die Vergiftung der Pflanzen ein.

Ein geschlossenes Gewächshaus mit organischem Mulch kommt auf einen Anteil von 0,3 bis 0,5 Prozent CO_2 in der Luft – genau die ideale Konzentration. Aber im Sommer kann man ein Folien- oder Polycarbonat-Gewächshaus nicht schließen, sonst verbrennt alles. Die einfache Lösung für dieses Problem ist die Teilbeschattung. Darüber folgt ein separates Kapitel.

Pflanzen bestehen zu 45 Prozent aus Kohlenstoff (C). Also ist der Kohlenstoff das wichtigste Nahrungselement der Pflanzen. Des Weiteren bestehen sie zu 40 Prozent aus Sauerstoff. Davon gibt es in der Luft 21 Prozent, von Kohlenstoff jedoch lediglich 0,01 Prozent. (Bei 0,035 Prozent CO_2 in der Luft beträgt der Anteil des Kohlenstoffs nur ein unvollständiges Drittel.) Das ist sehr spärlich! Die Quelle des Kohlenstoffs ist jedoch die Luft. Heißt das, dass genau der Kohlenstoff das größte Problem der Pflanzenernährung ist? Die Zahlen sagen zwar „ja", aber wir sollten dies nicht gar so sehr aufbauschen.

In den Internetforen der Naturgärtner entstehen häufig Diskussionen über die CO_2-Quellen für die Pflanzen. Die Klassiker, angeführt von K. A. Timirjazev, sagen, dass Kohlenstoff ausschließlich durch die Blätter aufgenommen wird. Allerdings gibt es erhebliche Beweise, die darauf hindeuten, dass die Aufnahme des Kohlenstoffs über die Wurzeln geschieht. Bereits in den 1950er-Jahren wurde dies von einem bekannten russischen Akademiker, dem Physiologen A. L. Kursanov, bestätigt. Von den bekanntesten Hobbygärtnern schrieb insbesondere A. I. Kuznetsov viel darüber. In der Praxis von S. G. Pokrovskij hat sich dies gezeigt; S. V. Panjavin sammelt aktuell neue Beweise.

Einige gehen von einem Widerspruch aus und versuchen zu beweisen, dass überhaupt kein CO_2 durch die Blätter aufgenommen wird. Ihre Logik ist einfach: Wenn die Blätter das CO_2 aufnähmen, warum sollten sie es dann gleichzeitig bei der Atmung durch die Blätter freisetzen? Folglich nehmen die Blätter gar keinen Kohlenstoff auf. Sie haben genug davon – aus dem Boden.

Das atmosphärische CO_2 entsteht tatsächlich durch die Verrottung von organischem Material. Alle Lebewesen, inklusive Mikroben, futtern organische Substanz, verstoffwechseln sie, oxidieren sie dabei mit Sauerstoff und atmen CO_2 aus. Das geschieht in den Ozeanen in den oberen Wasserschichten und auf dem Land unter dem pflanzlichen organischen Material. Kohlendioxid ist schwerer als Luft und sinkt entlang den Bodenkanälen in das Erdreich. Im natürlichen Boden befindet sich zehnmal mehr Kohlendioxid als in der Luft. Dabei löst sich CO_2 zehnmal besser in Wasser als Sauerstoff und Stickstoff. Somit wäre es logisch und sehr effizient, wenn die Pflanzen den Kohlenstoff als CO_2-Lösung aufnehmen würden. Wasser muss die Pflanze so oder so für die Verdunstung aufnehmen – gleichzeitig könnte sie auch den Kohlenstoff für ihre Ernährung aufnehmen!

In dem Buch „Frieden statt Verteidigung" (Russland 2008) habe ich mir erlaubt, diese Interpretation zu analysieren und weiterzuentwickeln. Aber das ist alles nicht so einfach, wie es scheint. Praxisversuche haben gezeigt: Die Zugabe von CO_2 durch die Luft oder den Boden löst noch keine Revolution aus – die Ernte wächst um maximal 10 bis 15 Prozent. Die Bäume, die überschüssiges CO_2 aufgenommen haben, geben es über die Wurzeln in Form von süßen

Wurzelextrakten in den Boden ab – sie geben es an ihre Mikroben-Symbionten [1], aber nicht ihren Früchten. Wenn man den Wurzeln fertige Düngemittel zur Verfügung stellt, nimmt die Ausscheidung von Wurzelextrakten massiv ab. Die Pflanze braucht die Symbionten nicht mehr und muss sie nicht füttern. Gleichzeitig nimmt die CO_2-Aufnahme durch die Blätter ebenfalls ab. Das Fazit: Pflanzen wollen kein zusätzliches CO_2 aufnehmen, um die Ernte zu erhöhen!

CO_2 wird speziell für die Photosynthese benötigt – und die Intensität der Photosynthese hängt nur von den Bedürfnissen der Pflanzen ab. Sie ist nur so intensiv, wie sie die wachsenden Triebe, Wurzeln und Früchte benötigen. Die Kraft für das Wachstum ist a) von den genetischen Grundbedingungen und b) von den Umgebungsbedingungen abhängig. Mit anderen Worten: Jede Pflanze hat ihre individuelle Norm, ihren eigenen Grenzwert der CO_2-Aufnahme. Dies wird von den Umgebungsbedingungen beeinflusst. Man kann die Pflanze nicht dazu zwingen, mehr aufzunehmen.

Im Laufe der Jahre bin ich zur Überzeugung gekommen, dass es in der Natur kein eindeutiges Entweder-oder gibt. Das Potenzial der Pflanze sich anzupassen, ist offensichtlich viel größer, als wir denken. Offensichtlich wird auch der Kohlenstoff, je nachdem welche Bedingungen vorherrschen, unterschiedlich aufgenommen. Pflanzen können ihn sowohl durch die Blätter als auch über die Wurzeln aufnehmen. Die Aufnahme kann in Form vom CO_2, einem Ion Wasserstoffcarbonat HCO_3 – und auch direkt in der Form von Zucker, organischen Säuren und anderen wasserlöslichen organischen Substanzen erfolgen.

Alle diese Arten der Kohlenstoffaufnahme sind einzeln wissenschaftlich bewiesen. Ich denke, dass sie in Wirklichkeit von den Pflanzen alle gleichzeitig verwendet werden. Je nach Zeit und aktueller Bedingung dominiert die eine oder die andere Methode. Anscheinend wird die CO_2-Aufnahme aus der Luft bei einem Mangel an Kohlenstoff im Bodenlösungsverfahren verstärkt. Und

---

1) Symbionten: Lebewesen, die mit Lebewesen anderer Arten zum gegenseitigen Nutzen zusammenleben; von Symbiose: die Vergesellschaftung von Individuen zweier unterschiedlicher Arten, die für beide Partner vorteilhaft ist.

scheinbar reduziert die Pflanze die Aufnahme aus der Luft, nachdem sie Vitamine und Zucker aus dem Boden erhalten hat. Oder sie verstärkt einfach ihr Wachstum, kann mit Stress besser umgehen und fängt früher an, Früchte zu bilden – alles innerhalb ihrer genetischen Eigenschaften.

Allerdings brauchen Pflanzen darüber hinaus Mineralien, die auch durch die Wurzel oder Blätter aufgenommen werden können. Zudem ernähren sich die Pflanzen mithilfe von Mikroorganismen und Pilzen und „bezahlen" für deren Dienste durch Abgabe von Wurzelextrakten und mit dem eigenen lebenden und abgestorbenen Leib. Tatsächlich wendet die Pflanze alle erdenklichen Methoden an, um an alle möglichen Substanzen zu gelangen, die die Evolution hervorgebracht hat!

Verpassen wir also nicht das Wichtigste: Um Kohlenstoff und Mineralien aufnehmen zu können, muss die Pflanze normal wachsen können. Alle Wachstumsfaktoren sind wichtig! Zunächst einmal wird Wasser benötigt. Außerdem brauchen wir ein natürliches Gleichgewicht an anderen Nährstoffen, auch Bakterien und Pilze, zudem eine optimale Temperatur, optimales Licht und annähernde Windstille. Das ist es, wonach wir streben müssen. Keine leichte Aufgabe – aber wie interessant!

Was das CO_2 anbelangt, ziehe ich meine Schlussfolgerung aus der Praxis. Wenn man über genug organischen Mulch und/oder Gründüngung sowie über ein Fass mit „Kräuterkompott" verfügt, und wenn der Wind die Beete links liegen lässt, muss man sich keine Sorge um die CO_2-Konzentration machen. Die Pflanzen erhalten genug davon. Jetzt folgt der größte Knackpunkt: Wie minimieren wir die Temperaturunterschiede, sodass nachts keine Unterkühlung und tagsüber keine Überhitzung entsteht?

KAPITEL 3

Erhöhung der Temperatur in der Nacht

Ein Sommergewächshaus zu beheizen macht nur in den kalten Frühlingsnächten und für die Verlängerung des Gartenjahres im Herbst Sinn. Die ideale Temperatur für alle Pflanzen liegt zwischen plus 23 und 26 Grad Celsius. Idealerweise sollte es in der Nacht nicht kälter als plus 15 Grad Celsius sein und tagsüber nicht wärmer als plus 30 Grad Celsius.

Gott sei Dank fängt die Welt an zu begreifen, dass unser Planet in einer kolossalen Menge an Sonnenenergie badet – und diese Energie ist gratis! Man muss nur lernen, sie clever zu nutzen. Schon unsere Vorfahren waren durchaus in der Lage, dies zu tun. Der berühmte deutsche Gartenbaukünstler Nicolas Gaucher hat gewusst, was er tat, als er die Bäume flach entlang den Hauswänden formte. **(Abb. 2 und 3)**

Abb. 2

Abb. 3

Für seine Spaliere baute er spezielle, drei Meter hohe Wände aus Stein oder Ton, ausgestattet mit schmalen Überdachungen. Die Bäume waren so vor Wind und Niederschlägen geschützt.

Aber solche „Fruchtwände" baute man bereits 200 Jahre bevor Gaucher es tat! Darüber berichtete Kris De Decker in seinem Artikel „Fruchtwände: Urbanes Gärtnern in den 1600er-Jahren". (Diesen Artikel kann man auf Englisch im Internet finden: „Fruitwalls: Urban Farming in the 1600s"; *Anm. der Übersetzer*) Es scheint bis jetzt die intelligenteste und kosteneffizienteste Art zu sein, die kostenlose Sonnenenergie zu nutzen. Ich bin davon überzeugt, dass die Landwirtschaft noch zu dieser Methode zurückkehren wird.

Franzosen, Engländer und Holländer haben diese Technik der Wandkultur schon seit der Mitte des 16. Jahrhunderts angewandt. Mithilfe der Wände haben sie Trauben und Pfirsiche Richtung Norden befördert, wo sie frühe Ernten mit gutem Gewinn verkauften, zeitgleich mit den aus Italien und Spanien importierten Früchten. Oft überbaute man ganze Stadtteile oder Dörfer mit solchen Wänden. In Montreuil, einem Pariser Vorort, wurden an 600 Kilometern solcher Fruchtwände Pfirsiche angebaut. (**Abb. 4**)

Abb. 4

Diesem Labyrinth musste sogar die stolze preußische Armee ausweichen, die Paris im Jahr 1870 belagerte! Die Stadt Thomery, südlich von Paris, bestand ebenfalls fast komplett aus solchen Wänden – 300 Kilometer Wände auf 150 Hektar. Die Einwohner bauten dort während Generationen Tafeltrauben an. Die Wände von Thomery stehen nach wie vor – bestaunen Sie diese auf Google Maps.

Die Kombination zweier Effekte macht das Geniale der Fruchtwand aus. Einerseits schützt sie komplett vor dem Wind, andererseits, und das ist das Wichtigste, ist die Wand massiv und speichert deswegen die Sonnenwärme, die sie in der Nacht wieder abgibt. Das Klima im Wandgarten ist um etwa acht bis 10 Grad Celsius wärmer – und das ohne jegliche Bedachung.

Mit dem Aufkommen von Gewächshäusern aus Glas, die man erst Anfang des 20. Jahrhunderts zu bauen begann, geriet diese wertvolle Eigenschaft, Wärme in den Wänden zu speichern, in Vergessenheit. Gewächshäuser aus Plastik und Polycarbonat sind noch schlimmer. Nach dem Sonnenuntergang kühlen sie blitzschnell aus! Die „Segen der modernen Technik" siegten einmal mehr über die Vernunft: Mit dem Aufkommen des Flachglases (Fensterglas) und der fossilen Brennstoffe verzichteten die Gewächshausbauer auf die Speicherung der kostenfreien Sonnenwärme. Nach wie vor verschlingen Gewächshäuserkomplexe in der kalten Jahreszeit Unmengen an Energie. Aber es gibt einen ausgezeichneten Kompromiss: das passive Solargewächshaus – „Vegetarium" genannt. **(Abb. 5)**

Abb. 5

Im Grunde genommen handelt es sich dabei um ein Gewächshaus, das an eine südlich ausgerichtete massive Wand angebaut wird. Solch ein Gewächshaus wärmt am Tag die Wand, die in der Nacht die tagsüber gespeicherte Wärme abstrahlt. In der Nacht wird zudem ein Wärme speicherndes Material auf dem Gewächshausdach ausgebreitet. Das Ergebnis: Man spart sehr viel Geld damit. Als Erste haben die Holländer am Ende des 19. Jahrhunderts angefangen, solche Gewächshäuser zu bauen. Aber nur in China wird diese Gewächshaustechnik heute noch verbreitet angewandt. Dank staatlicher Förderprogramme wurden in China seit Beginn der 1970er-Jahre auf rund einer Million Hektar Fläche solche passiven Gewächshäuser gebaut.

Abb. 6

Unsere Gärtner nutzen die große Wärmespeichereigenschaft des Wassers, um die Sonnenenergie zu speichern. In den Gewächshäusern platziert man Fässer, Tanks und andere Behälter mit Wasser. Auf dem Boden werden spezielle schwarze Plastikröhren verlegt (schwarzes Plastik wärmt sich schneller und stärker auf). **(Abb. 6)** Nachts verlängert das die Komforttemperatur um ein paar Stunden. Aber das Volumen solcher Behälter ist zu klein. In einem Gewächshaus von sechs Quadratmetern Größe kann man kaum mehr als eine Wassertonne aufstellen. Eine Backsteinmauer im Gewächshaus kann zehn- bis zwölfmal mehr Wärme speichern.

Der beste Weg, das Gewächshaus in der Nacht warm zu halten, ist die Sonnenwärme im Boden zu speichern. Wie man das macht, beschreibe ich im Kapitel „Bodenerwärmung". Ein nützlicher Nebeneffekt ist die Tatsache, dass während des Aufwärmens des Erdbodens gleichzeitig die Luft gekühlt wird. So schützen wir die Pflanzen vor Überwärmung. Befassen wir uns doch gleich einmal damit.

KAPITEL 4

Verhinderung der Überwärmung tagsüber

Firstlüftung

Wenn die Luft auf mehr als plus 32 bis 35 Grad Celsius aufheizt, leiden die Pflanzen bereits unter Stress. Die Hitze zwingt sie, unproduktiv Wasser aufzunehmen, um dieses zu verdunsten, damit sie sich kühlen können. Die Hitze macht die Pollen steril und die Stempel der Blüten trocknen aus. Die schädigenden Pilze andererseits wachsen enorm; eine eifrige Bewässerung hilft ihnen dabei, sich wie ein Lauffeuer auszubreiten.

Einen großen Durchbruch in der Gewächshaustechnik brachte die Entwicklung von Beschattungsmaterialien, wie zum Beispiel die milchweiße Folie oder das Polycarbonat. Warum? Weil der größte Nachteil aller durchsichtigen Materialien ihre vollständige Transparenz ist. Seien Sie nicht überrascht! Wie ich bereits erwähnt habe, schützt ein transparentes Dach nicht gegen Strahlungsfrost in der Nacht, und am Tag verwandelt es das Gewächshaus aufgrund des starken Treibhauseffekts in eine Sauna.

Was der Treibhauseffekt ist, ist schnell erklärt. Die thermische (das heißt die infrarote) Strahlung der Sonne erwärmt alle Oberflächen im Gewächshaus und diese wiederum die Luft. Die erhitzte Luft kann nicht nach oben entweichen und erwärmt sich immer mehr. Die Hitze wächst von Minute zu Minute an und je kleiner ein Gewächshaus ist, desto heißer ist es darin.

Da wir Russland als raues, nördliches Land wahrnehmen, haben wir uns dort daran gewöhnt, Lobeshymnen auf den Treibhauseffekt zu singen: „Er bringt doch die Wärme!“ Aber erstens finden sich die meisten Gewächshäuser Russlands in den warmen Steppenzonen und im Süden. Das ist auch verständlich. Je früher die Ernte, desto teurer kann man die Produkte im Norden verkaufen. Sind Sie schon einmal Mitte Mai in so einem Gewächshaus gewesen? Das ist kein Gewächshaus – das ist eine Sauna! Unter dem Dach herrschen bis zu plus 60 Grad Celsius! Und im Juni und Juli?! Vor solch einer Hitze schützen die Seitenöffnungen nicht. Nur eine Firstlüftung schafft Abhilfe gegen eine solche Gluthitze und auch dies nur, wenn sie auf praktisch der ganzen Länge des Gewächshauses geöffnet ist.

Aber die Erbauer planen keine Firstöffnungen. Wenn überhaupt, bringen sie seitliche Öffnungen an und von diesen auch nicht wirklich genug. Wofür sollten sie diesen Zusatzaufwand auch betreiben? Im Juli werden die Preise fallen und in den Treibhäusern verbrennt alles wortwörtlich. Aber wir Selbstversorgergärtner wollen einen Ertrag bis in den Herbst hinein. Wieso schwitzen wir dann in unseren Gewächshäusern und peinigen unsere Pflanzen? Warum kauft jemand ein Gewächshaus, das nur zwei kleine Seitenöffnungen hat? Das ist ein großes Rätsel für mich.

Praktisch alle kommerziellen Gewächshäuser sind aus Polycarbonat. Ein großer Vorteil dieses Materials ist seine strukturelle Härte. Mit Polycarbonat bedeckte rechteckige Oberflächen brauchen keine diagonale Verstärkung. Dabei ist es sehr leicht zu schneiden und auch zu biegen. Aber genau das ist das Problem. Die meisten Hersteller von Gewächshäusern biegen munter die Polycarbonatplatten quer über

Abb. 7

das Gewächshaus. Das vereinfacht und verstärkt die Konstruktion, schließt jedoch eine Firstlüftung vollständig aus. Da will man doch gleich eine Stichsäge in die Hand nehmen und einen Schlitz in den First schneiden! Aber dann wird der Regen die Pflanzen nass machen.

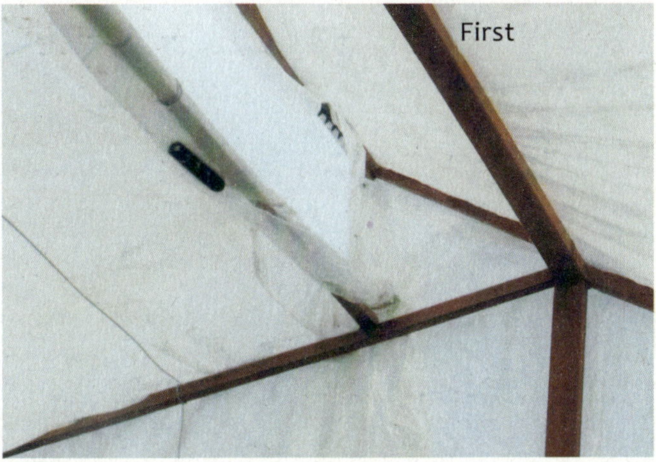

Abb. 8

Bei mir verwende ich eine einfache Lösung: Ein Teil des Satteldaches ragt über den anderen hinaus **(Abb. 7 und 8)**. Die Öffnung der höher ragenden Seite, die auf dem **Foto rechts** zu sehen ist, befindet sich auf der dem Wind abgewandten Seite, damit das Dach nicht weggeweht wird. Man kann diese Öffnung so konstruieren, dass sie automatisch öffnet und schließt. Ich habe jedoch solche Bedürfnisse nie gehabt, da wir unsere Setzlinge so oder so erst nach dem letzten Frost auspflanzen.

Aber das Wichtigste, das in meinem Gewächshaus gegen die Sommerhitze wirkt, ist die Beschattung. Anstelle von durchsichtigen Folien verwende ich eine Milchfolie, weißes Polycarbonat und phytoprotektive (= die Pflanzen schützende) Netze.

Netze, die 30 bis 50 Prozent der Sonnenenergie absorbieren, also aufschlucken, sind eine Grundvoraussetzung für einen erfolgreichen Gemüse- und Rebbau in allen warmen und trockenen Ländern. Netze lassen ein Optimum an Sonnenenergie für die Photosynthese eindringen, schützen vor Treibhauseffekt und Wind und verhindern damit eine Überhitzung. In so beschatteten Gewächshäusern ist es immer angenehm kühl. In Israel, Spanien, Portugal,

Australien, Italien, den USA und in afrikanischen Ländern werden riesige Plantagen mit Schattierungsnetzen bedeckt. Seit geraumer Zeit gibt es solche auch im Süden Russlands. Ich studiere diese schon das vierte Jahr und ich sehe: Sogar in unserem weit von Wüstenbedingungen entfernten Klima hat die Beschattung eine wunderbare Wirkung. Sie optimiert gleich zwei Faktoren: die Temperatur und die Intensität der Sonneneinstrahlung. Hier folgt meine bescheidene Erfahrung mit Gärten unter solchen Netzen.

KAPITEL 5

Der Garten unter dem Netz

Eine kurze Zusammenfassung dieses Kapitels: Es ist wissenschaftlich bewiesen, dass Streulicht für das Wachstum und die Photosynthese der Pflanzen ideal ist. Es braucht viel Licht, aber gestreut muss es sein. Direktes Sonnenlicht ist in unseren südlichen Breitengraden kein Segen, sondern eine Plage für die meisten Kulturpflanzen. Das ist aus zwei Gründen so: Der erste ist die Überhitzung der Blätter und der Luft. Der zweite ist, dass die direkte südliche Sonnenstrahlung für die Photosynthese der Pflanzen nicht geeignet ist. Wundern Sie sich nicht, dies hat schon Timirjasew (1843 - 1920) herausgefunden! Darüber, was optimales Licht ist, werden wir noch sprechen. Erinnern wir uns an das Thema dieses Kapitels: „Der Garten unter dem Netz“. Sie sollten wissen: Ein raues Klima ist nicht einfach rau – es ist in vielerlei Hinsicht rau. Die Einwohner Sibiriens und die „Nordländer“ verstecken sich vor der Kälte in ihren Gewächshäusern. Das gelingt ihnen ziemlich gut. Sie schauen Richtung Süden und denken: „Ah, die Südländer haben es gut, die haben dort ein Paradies!“ Ach, so was von naiv ... Immer wieder treffe ich ehemalige Einwohner Sibiriens, die für ein paar Jahre „das ganze Grauen des Klimas von Kuban“ erlebt haben. Ich spreche ihnen Mut zu, beruhige sie und helfe ihnen mit einem Rat.

Im Süden gibt es viel schlimmere Probleme als die Kälte: Da herrscht oft monatelange Hitze und Dürre mit trockenem Wind und dies kombiniert mit Krankheiten und „Schädlingen“, die alles verschlingen. Wo kann man sich vor diesem Unglück verstecken? Leider denkt niemand wirklich darüber nach! Was als Patentrezept erscheint, entpuppt sich als Bumerang. Bei Dürre: gieße. Bei Krankheitsbefall: verabreiche Chemikalien. Wenn es wehtut: nimm ein Schmerzmittel ... Diese ewige Symptombekämpfung macht keinen Sinn. Dafür muss man sein Gehirn nicht anstrengen. Doch wie kann man erreichen, dass es keine Hitze, keinen trocknenden Wind, keine Krankheiten und keine „Schädlinge" gibt? Aus unerklärlichen Gründen weigern wir uns, unser Denken in diese Richtung zu bewegen.

Die Lösung für diese Probleme haben intelligente Israelis bereits entwickelt. Sie hatten einfach keine andere Wahl. In Israel gibt es fast nichts außer Wüste. Es wäre doch eine Sünde, dieses „Kapital" nicht zu bewirtschaften. Man muss das Unmögliche möglich machen. Genau das hat man sich in Israel zum Ziel gesetzt. Man hat die Mittel und Wege dazu gefunden. Sie entwickelten eine zuverlässige Tropfbewässerung, Mehrnährstoffdünger, Wasserentsalzungsanlagen und züchteten geeignete Gemüsesorten. Und vergessen wir das Wichtigste nicht: Sie produzieren massenhaft die phytoprotektiven (= die Pflanzen schützenden) Schattierungsnetze. Mit diesen Schattierungsnetzen verwandelten die Israelis selbst die sengende Wüste in eine Obst- und Gemüseoase. Solche Netze gibt es in verschiedenen Varianten: schattierende, die Sonneneinstrahlung optimierende, energiesparende und welche als Schutz gegen Insekten und Vögel. Es gibt auch universelle – drei in einem.

Vom Wachstumsvlies und anderen Vliesarten unterscheiden sich die Netze durch ihre enorme Festigkeit und Strapazierfähigkeit und durch ihre optimale Winddurchlässigkeit. Selbst stürmische Winde vermögen sie nicht zu beschädigen. Das ist ein Geschenk des Himmels für die südlichen, windgeplagten Steppen. Jetzt kann sogar ich als „Südländer" das Problem der Hitze und des trockenen Windes getrost hinter mir lassen. Wir haben wirklich das Klima ausgetrickst!

Im Nachhinein ist man immer klüger

Immer wundere ich mich, über welch verschlungene Wege, über Stock und Stein unsere Gedanken wandern, bis wir zum Offensichtlichen kommen! Solche Gedanken hatte ich bereits in den Neunzigerjahren des vorigen Jahrhunderts. Damals schrieb ich in meinen ersten Büchern: „Schützen Sie Ihre Pflanzen mit einem Dach. Auf diese Weise können Sie Krankheiten vermeiden." Und ich hatte recht. Wieso ich es selber nicht tat, weiß ich nicht. Womöglich, weil viele Leser mir oft genug bestätigten, dass es funktioniert. Wahrscheinlicher war der Grund jedoch, dass jedes Foliendach mit dem ersten Frühlingssturm weggefegt wurde.

Nach ein paar Jahren lernte ich die Vorteile eines Vordaches am Beispiel von Trauben zu schätzen. Bei uns in Kuban „verbrennen" alle Tafeltraubensorten am Falschen Mehltau. Wenn man keine Chemikalien verwendet, tragen sie im August bereits keine Blätter mehr – der Traubenstock ist kaputt. Ich beobachte aber immer wieder, wie die Reben, die sich per Zufall unter einem Dach ausbreiten, total gesund sind und die Früchte ausgezeichnet ausreifen. Diese sind trotz des Schattens sogar süßer. Ich habe immer wieder darüber geschrieben und wollte sogar einige Spaliere mit einem Dach aus Polycarbonat erstellen lassen. Aber wieder kam ein Sturm, der einige Dächer von benachbarten Schuppen wegriss. Die Bauarbeiter legten mir ans Herz, nicht wie von mir geplant zu bauen. Sie warnten: „Spinnst du? So eine Konstruktion fliegt mitsamt dem Gerüst weg!" Ich beherzigte dies und quälte mich noch einige Jahre mit der Handspritze. Aber das Ganze hatte auch eine positive Seite. Es zwang mich endgültig, mich in die resistentesten Sorten „zu verlieben" und all die Supersorten à la „Supergroß", „Supergeschmack" und sonstige Superlative außen vor zu lassen.

Aber bekanntlich führt Gott uns schon auf den Weg unserer wahrhaftesten Bestrebungen. Was wir aber eigentlich anstreben wollen, ist häufig schwer zu erkennen – genau deswegen sind die Wege des Herrn „unergründlich". Wenn man jedoch anschaut, wohin ich gekommen bin, dann ist meine wahre Bestrebung ... nicht zu arbeiten. Genauer gesagt liegt sie darin, nur absolut produktive und angenehme Dinge zu tun, ohne mich mit Alltagsproblemen rumschlagen zu müssen. Es ist mir vergönnt, Dinge so zu tun, dass sie wenig zu tun geben!

Wie sonst kann man erklären, dass ich auf einem Weinbauseminar Friedrich Rubinstein kennenlernte und schließlich in einem Tomaten-Paprika-Paradies landete? Friedrich ist Inhaber einer Firma, die israelische Agrotechnologien fördert. Nach einem Briefwechsel mit ihm und dem Studium seiner Internetseite www.farmgarden.ru erfuhr ich, dass seine Tochter Irina in der Region Taman wohnt. Das sind nur drei Autostunden von meinem Wohnort entfernt. Schon eine Woche später waren wir dort, im Dorf Vishesteblievskaja.

Ach, so sehen Tomaten aus!

„Wenn du klar das siehst, worauf du selber nicht gekommen bist, traue deinen Augen nicht“, hätte der russische Komiker Kozma Prutkov in dem Moment gesagt, wenn er ich gewesen wäre, als ich Irinas „Netzhaus“ zum ersten Mal betrat. Das „Netzhaus“ ist einfach ein großes Gewächshaus, das anstatt mit einer Folie mit einem optimierenden, phytoprotektiven Netz des Typs „Optinet“ bedeckt ist. **(Abb. 9)**

Abb. 9

Stellen Sie sich vor: Wir sind im Zentrum der Region Taman. Es ist Ende August. Es herrschen Hitze und es weht ein trockener Wind, der jeden Hut vom Kopfe weht. In den Freilandgärten sind von den Tomaten nur noch braune Kümmerlinge geblieben und das ist bereits seit drei Wochen so. In diesem „Netzhaus“, dem einzigen der ganzen Region, herrscht eine sanfte, angenehme Wärme, die man fast schon kühl nennen könnte. Und da drinnen erwartet den Besucher ein Dschungel von gesunden, grünen Tomatenpflanzen, die bis unters Dach wachsen und voll mit farbigen Früchten behangen sind, und das ohne jegliche Fensteröffnungen! **(Abb. 10)**

Abb. 10

Unter einer Mulchfolie liegt eine Tropfbewässerung, darüber ist es überall trocken. „Setzen Sie oft Chemie ein?“, fragte ich. „Kein einziges Mal.“ Dann klickte es bei mir im Kopf. Warum kein einziges Mal? Später erfuhr ich, dass es in diesem Sommer in Taman fast keinen Regen gegeben hatte. Aber das ist nicht die Hauptsache. Es stellte sich heraus, dass dieses Netz kein gewöhnliches Gewebe ist, sondern ein Hightech-Produkt. Es ist leicht, stark und kann bis zu sechs Jahre lang verwendet werden. Es reduziert die Sonnenstrahlung um etwa 40 Prozent. Anders gesagt, es eliminiert die Überhitzung komplett.

Ich musste mir in Erinnerung rufen, dass die südliche Hitze nur für Kakteen ein Segen ist. Gemüse und Trauben treibt sie in solch einen Stress, dass diese tagsüber in eine Schockstarre verfallen und die Photosynthese komplett einstellen. Ich erinnerte mich auch an den trockenen Wind, der die Wasserverdunstung der Pflanzen um ein Fünf- bis Sechsfaches vervielfacht und die Austrocknung des Bodens um das Dreifache verstärkt.

Doch im lauschigen „Netzhaus“ stellt sich, anstelle des heißen Windes, eine linde, gemächliche Luftbewegung ein. Kein Blatt bewegt sich. Das ist fast schon ein Wunder! Da gibt es kein Flattern und Rucken wie bei einer Folie. Das Material ist absolut windstabil: Der Wind fließt hindurch, das Netz wölbt sich höchstens. In meinem Kopf klickte es noch einmal. Die Gurken, wenn sie auch der *Peronospora* (Falscher Mehltau) nicht entgingen, bildeten Früchte bis Mitte August aus. Auf dem Boden lagen bereits entfernte Ranken, im oberen Drittel war es noch ziemlich grün. Draußen wären sie längst zu Staub zerfallen. Die Paprika und Auberginen standen immer noch bis auf Brusthöhe und trugen Früchte. Sie erinnerten an Weihnachtsbäume. Ein weiterer Vorteil des „Netzhauses“ liegt darin, dass die Pflanzen hinter dem Netz für „Schädlinge“ praktisch unsichtbar sind. Sogar die Nachtfalter machen einen Bogen um dieses Netz. Wir fanden nicht eine Tomate mit einem Loch!

Und schießlich verhindert das Netz den Frost, insbesondere den Strahlenfrost, gar nicht so schlecht. Es ist undurchsichtig und lässt die Wärme nicht in den Himmel abstrahlen – es reflektiert die Wärmestrahlen zurück zum Boden. Damit kann eine Gartensaison um je einen Monat in beide Richtungen (Frühling und Herbst) verlängert werden. Ich fragte Irina: „Wann schließen Sie Ihre Tomatensaison ab?“ Ihre Antwort: „Bis Mitte November kann es Ertrag geben.“ Also so lange, wie der Frost die Pflanzen nicht eingehen lässt. Nicht schlecht! Ich stand still und begann zu begreifen. Zum ersten Mal sah ich, wie Pflanzen ohne Hitzestress aussehen. Ach, was können doch unsere Sonne und unser Wind anrichten. Auf diese Art gehen also alle unsere Bemühungen flöten! Wir kamen sofort ins Geschäft und ich bestellte einige Netzrollen für das Frühjahr für mich und meine Kollegen. Und das Frühjahr kam.

Der erste Sommer unter dem Netz

Im April schweißten wir eine leichte Metallkonstruktion zusammen und Mitte Mai bedeckten wir fast unseren gesamten Gemüsegarten mit dem Netz. **(Abb. 11)**

Abb. 11

Wir installierten eine Tropfbewässerung und verwendeten Stroh als Mulch. Schon im Herbst zuvor hatten wir Kompost verteilt. Als Erstes pflanzten wir Salate und andere Setzlinge aus. Der erste Eindruck im Mai war: Solch riesige und zarte Salate hatten wir noch nie gegessen! Alle Grünpflanzen plusterten sich förmlich auf. Das Resultat war so bestechend, dass wir beschlossen, von allem weniger, dafür alles direkt als Sämlinge auszupflanzen, anstatt später auszudünnen. Genauso flott

Abb. 12

starteten die Gurken, Paprika und Tomaten. **(Abb. 12 und 13)**

Abb. 13

Die Temperaturschwankungen unter dem Netz sind viel weniger ausgeprägt: tagsüber viel kühler und in der Nacht wärmer. Ich hörte nicht damit auf, mich beim Betreten des Netzhauses immer aufs Neue zu wundern: Da gibt es keine Fensteröffnungen, aber im Inneren ist es ziemlich kühl. Ich staune auch heute noch, obwohl ich verstehe, dass dies die Auswirkung des Halbschattens ist. Der Boden wird nicht überhitzt, ebenso wenig die Luft, folglich kann gar keine Hitze entstehen.

Und dann sandte uns Mutter Natur eine Überraschung, genauer gesagt eine Wetterkapriole: Bis Ende Juni gab es starken Regen und das jede Woche. An so etwas konnte sich bei uns niemand erinnern. Der Wald war im Juli übersät mit Steinpilzen und Pfifferlingen! Die Trauben be-

Abb. 14

gannen an Falschem Mehltau zu leiden und das bereits Ende Mai, eineinhalb Monate früher als üblich. Bei der Bewunderung meiner prachtvollen Beete musste ich begreifen: „Das Märchen vom grünen Dschungel" spielt in Taman, wo es gar keinen Regen gibt. Die Feuchtigkeit unter dem Netz ist ein Paradies sowohl für Pflanzen als auch für Krankheiten!

Mitte Juli folgte der Ausbruch der Krankheiten, und das viel intensiver als im Freien. Ich war gezwungen, massenhaft erkrankte Blätter zu entfernen. Die Tomatenpflanzen musste ich wortwörtlich zu mehr als 50 Prozent entblößen. **(Abb. 14)**

Und danach nahm ich die Spritze zur Hand um ein paarmal mit einem biologischen Pilzbehandlungsmittel (Fungizid) in Abwechslung mit EM-Präparaten (**E**ffektive **M**ikroorganismen) der Angelegenheit Herr zu werden. Geschafft! Die Pflanzen erholten sich und regenerierten rasch. Ich begann wieder zu überlegen und besann mich auf die Idee mit den Bedachungen.

Zum Glück hatte mein Kollege bei sich bereits eine solche Bedachung installiert. Ich studierte seine Beete am 18. Juli und am 2. August und sah genau das Gleiche: Unter dem Dach waren alle Blätter gesund, nur die Blätter, die dem Regen ausgesetzt waren, waren krank. Die Trennlinie zwischen kranken und gesunden Pflanzen sah aus, als ob sie mit einem Lineal gezogen worden wäre. Die Stöcke unter offenem Himmel „verbrannten" komplett. Im Kopf machte es wieder Klick: Kein Regen – keine Krankheiten! Bei uns ist auch der Hagel keine Seltenheit. In den zwei folgenden Jahren installierte ich eine Folie auf dem Dach des „Netzhauses", um eine wasserundurchlässige Bedeckung zu erhalten. Von diesem Zeitpunkt an waren die Tomaten deutlich seltener krank, obwohl es in diesen Jahren ungewöhnlich viel regnete.

Ende Juli hörte es auf zu regnen und es kam die besagte Hitze: Tagsüber kletterten die Temperaturen im Schatten auf plus 38 Grad Celsius, nachts lagen sie noch bei plus 27 Grad Celsius. Jetzt zeigte sich der volle Nutzen des Netzes.

Ich schildere Ihnen den Effekt. Bis Ende August hingen unsere Pflanzen wie eine Wand am Spalier. Die Ernte war so reichhaltig,

Abb. 15

Abb. 16

dass wir es kaum schafften, sie zu verarbeiten. **(Abb. 15)** „Schädlinge“ gab es keine, Krankheiten gehörten auch der Vergangenheit an. Im Freilandanbau beendeten dieselben Tomaten im organisch gepflegten Boden mit Tropfbewässerung die Vegetationsperiode und verloren bereits einen Großteil der Blattmasse **(Abb. 16)**. Die Tomatenpflanzen der Nachbarn, die ohne jeglichen Schutz im Freien standen, waren bereits Anfang August komplett an Kraut- und Braunfäule (*Phytophtora*) eingegangen. **(Abb. 17)**

Ihre Früchte waren wegen des Phytophtorabefalls zur Hälfte verfault und von Eulenfalterraupen zerfressen. Paprika wuchsen im Netzhaus bis Ende Juli bis auf Brusthöhe und bildeten bis zu zehn oder gar 15 Früchte in der ersten Etage. **(Abb. 18)**

Ende August, nach der Ernte der ersten Etage, blühten sie weiter und bildeten die Früchte der „zweiten Etage“. Im Freiland gaben dieselben Paprikapflanzen ein kümmerliches Bild ab, nämlich niedrige Büsche, die beträchtlich von „Schädlingen“ befallen waren. Die erste Ernte blieb dann leider auch die einzige.

Die Gurken im Netzhaus lebten noch lange weiter, obwohl die Haupternte für den Sofortverzehr und die Haltbarmachung bereits vorbei war. Sie versorgten unsere Speisetafel immer noch mit Speisegurken. Die Gurken wie auch die Tomaten brauchten Anfang Juli eine Behandlung gegen den Falschen Mehltau. Auberginen trugen unter dem Netz nicht schlecht, zogen sich jedoch in die Länge, verloren dadurch an Festigkeit und wurden früher als üblich von Milben befallen.

Abb. 17

Abb. 18

Wir entschieden uns dafür, die Auberginen draußen an der Sonne mit Tropfbewässerung zu halten. Die Tomatenpflanzen kletterten irgendwo unters Dach und beglückten uns auch im September und Oktober noch mit leckeren Früchten. Zwar wurde der

Abb. 19

Ertrag kleiner, aber die Pflanzen brachten bis zum ersten Frost neue Früchte hervor. **(Abb. 19)**

Wie sich herausstellte, sollte man Paprika unter dem Netz doppelt so weit auseinanderpflanzen wie üblich. Die üppig wachsenden Büsche erdrückten einander buchstäblich.

Hier sind die Schussfolgerungen des ersten Gemüsesommers unter dem Netz:

- Dieses Netz ist ein Durchbruch für den Süden.
- Man benötigt ein wasserdichtes Dach.
- Die Sträucher muss man weiter voneinander entfernt pflanzen, seien Sie nicht zu gierig.
- Man braucht nicht irgendwelche, sondern gute Gewächshaussorten.
- Es ist notwendig, die saugenden „Schädlinge“ gut im Auge zu behalten, denn unter dem Netz fühlen sie sich pudelwohl.

Die nächsten zwei Jahre Erfahrung bestätigten diese Schlussfolgerungen vollends.

Die Netzhauserfahrungen dieser drei Jahre

Zusätzlich zum Netz ist ein wasserdichtes Dach unabdingbar. Niemand hatte erwarten können, dass es bei uns drei Jahre in Folge bis Mitte Juli so stark regnen würde. Bei solchen Witterungsverhältnissen kann nur ein Dach vor Krankheiten schützen. Schon im Folgesommer gediehen meine Tomaten unter einem Foliendach und einem Netz darüber. Die Tomatenpflanzen waren gesund und vital bis zum Herbst, ohne eine einzige Behandlung. Die Gurken überlebten bis zum Herbst mit einer einzigen Bio-Fungizidbehandlung **(Abb. 19 ist vom 15. August)**. Die Tomaten lebten bis zum Frost und trugen weiter Früchte. Im dritten Sommer kam es am Rand des Netzhauses wegen des starken Regens zu Erkrankungen der Tomatenpflanzen. Eine einzige Behandlung mit einem Fungizid reichte aus, um das Problem zu lösen.

In diesem Jahr machte ich weitere Versuche: Auf dem Dach montierte ich ein dünnes Milch-Polycarbonat. Die Beschattung erwies sich jedoch als zu stark.

Wenden wir uns nun den Sorten und Hybriden zu: Nach den ersten Jahren des Experimentierens mit verschiedenen Sorten und Hybriden haben wir die geeignetsten für das Netzhaus selektioniert. Das sind erstens die resistentesten Sorten gegen Krankheiten, und zwar die ´Schwarze Cherry´ und die ´De Barao´. Zweitens sind es Gewächshaussorten mit kräftig wachsenden und gleichzeitig reifenden Früchten. Als geeignet erwiesen sich ´Pink Paradise´ und ´Pink Bush´. Natürlich verzichte ich keineswegs auf unsere leckersten lokalen Sorten ´Ochsenherz´ und ´Wunder der Erde´, obwohl diese etwas krankheitsanfälliger sind. Aber vor Regen geschützt, verhalten sie sich durchaus angemessen.

Bei den Gurken wählt man am besten die widerstandsfähigsten Vertreter gegenüber dem Falschen Mehltau.

Von den Auberginen pflanzen wir unsere besten Sorten ´Banane´ und ´Jatagan´.

Bei Paprika muss ich noch weiter Erfahrung sammeln, jedoch ist bereits jetzt klar, dass sich großfruchtige Sorten im Netzhaus sehr positiv entwickeln.

Die letzte Schlussfolgerung: Im Netzhaus gibt es praktisch keine nennenswerten „Schädlinge“. Während die Eulenfalter draußen ein Drittel des Ertrages durchlöchern und der gesamte Paprikaertrag von Schildwanzen angeknabbert wird, bleiben unter dem

Netz praktisch alle Produkte unversehrt. Die wenigen Eulenfalter habe ich mit meinen Lichtfallen vernichtet und einzelne Schildwanzen eingesammelt. Andererseits herrschen drinnen, im kühlenden Schatten, paradiesische Zustände für saugende „Schädlinge". Die Auberginen haben die Spinnmilben und die Gurken und der Wirsingkohl die Blattläuse erwischt. Diese zu regulieren ist nicht so schwierig – denn es gibt Bio-Insektizide. Aber Gewächshausgärtner, sei auf der Hut!

Im dritten Jahr suchte ein Unglück, wie es schlimmer nicht sein könnte, unser Gewächshaus heim: die Gewächshaus-Weiße Fliege (*Trialeurodes vaporariorum*)! Mit großem Aufwand konnten wir diese Plage mit einer Mischung aus Bio-Insektiziden eindämmen. Aber es gibt ein noch besseres Mittel gegen diese Plage: die Macrolophus-Raubwanze (*Macrolophus caliginosus*). Sie ist der Feind der Weißen Fliege. Diese vermehrten wir im darauf folgenden Sommer. (Es gibt sie bei sogenannten Nützlingszuchtbetrieben im deutschsprachigen Raum zu kaufen. *Anm. der Übersetzer.*)

Im vierten Jahr testeten wir unser neues Dach auf dem Netzhaus und lernten mit der Gewächshaus-Weiße-Fliege zu leben. Ende August kappten wir die starken Spitzen der Tomatentriebe, sodass es Licht gab, um die Früchte schön groß wachsen zu lassen. Tut man das nicht, entwickelt sich ein regelrechter Dschungel unter dem Dach. **(Abb. 20)**

Abb. 20

Abb. 21

Das ist schon alles, was Sie beherrschen müssen. Dann bleibt nur noch das Ausgeizen und Anbinden. Das ist eine produktive und angenehme Arbeit, die ich als „Nichtstun“ bezeichne.

Woran sollten wir sonst noch denken? Haben Sie vielleicht irgendwelche Ideen? Sie werden sich vielleicht fragen, weshalb man dieses teure Netz braucht, wenn man doch einfach ein Dach aus Milch-Polycarbonat errichten kann? Ich kann dies so beantworten: Wenn Sie keinen Sturmwind haben und keine bösartigen „Schädlinge“, wie etwa den Eulenfalter (Noctuidae), falls er in Ihrer Gegend vorkommt, können Sie auch mit Polycarbonat auskommen. Gott helfe Ihnen. Aber wir haben, was wir haben, nämlich unsere ureigene, anregende Gehirnaktivität. Doch leider reicht meine nicht immer. Momentan versuche ich, das Polycarbonat-Dach über meinen Reben mit einem Windschutznetz zu schützen. **(Abb. 21)**

Zwei Jahre hat diese Konstruktion überdauert. Die wichtigste Erkenntnis dabei ist, dass Trauben bei Windstille doppelt so stark wachsen, wie wenn sie dem Wind ausgesetzt sind!

Netze mit Spezialeffekten

Es gibt Netze, die man nicht mit Polycarbonat ersetzen kann. Insbesondere gefällt mir das Aluminet® – ein robustes Netz, das Licht reflektiert. **(Abb. 22)** Es wird schon bald in meinen Gewächshäusern Verwendung finden.

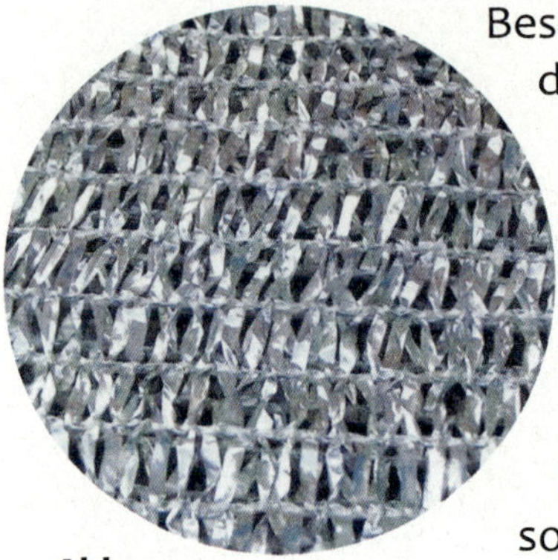

Abb. 22

Dieses Netz sorgt nicht nur für eine einfache Beschattung. Ein Viertel der Strahlung, die die Pflanzen und die Erde abstrahlen (sowohl Licht- als auch Wärmestrahlung), wird reflektiert. Als Folge schützt das Netz nicht nur vor Temperaturschwankungen, sondern es bringt auch mehr Streulicht ins Gewächshaus. Die Pflanzen sparen Energie, was wiederum die Photosynthese verstärkt. Ein mit einem solchen Netz bedecktes, geheiztes Gewächshaus verzeichnet deutlich weniger Wärmeverluste im Frühling und man muss weniger heizen.

In Israel stellt man aus demselben Material, das für das Aluminet® verwendet wird, auch Autoabdeckungen her. Das erste Mal in der Geschichte des Automobils kann man sich an heißen Sommertagen ins Auto setzen, ohne dabei verschmachten zu müssen. Mädchen nähen daraus ihre eigenen Sommerjacken gegen die Hitze. Diese neuartige Gewebetechnologie eröffnet völlig neue Möglichkeiten!

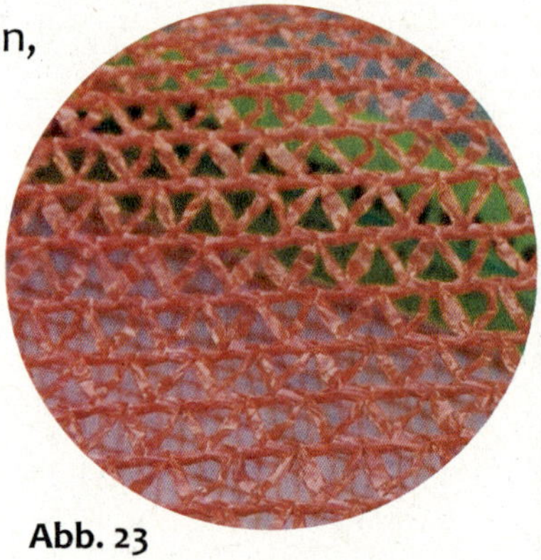

Abb. 23

Es gibt noch eine Reihe von Netzen, die ich auch interessant finde. Da ist zum Beispiel das ChromatiNet®. Das ist ein das Lichtspektrum korrigierendes Netz. Die meisten Pflanzen fangen für die Photosynthese zum größten Teil die blauen und roten Anteile des Sonnenlichtspektrums ein. Einige Pflanzen wachsen besser unter rotem, andere besser unter rot-blauem Licht. Das ist genau das Lichtspektrum, das moderne Phytolampen, also Speziallampen, die das Pflanzenwachstum fördern, abgeben. Ein ähnlicher Effekt wird durch die farbigen ChromatiNet®-Netze erzielt. Unter dem roten Netz werden das Wachstum und die Reifung von Früchten beschleunigt. **(Abb. 23)**

Unter dem Netz, das den blauen Anteil des Lichtes verstärkt, nimmt sowohl die Zahl der Triebe als auch die Blattmasse zu. Mit der Auswahl der Netze kann man die Vegetation steuern. Sie können die Reifung beschleunigen oder verzögern, um die Erntezeit zu verkürzen oder zu verlängern. Selbstverständlich schützen auch diese Netze vor überschüssiger Sonnenwärme; sie machen das Licht diffus und schützen vor Wind, Hagel und vor den meisten „Schädlingen" sowie vor Vögeln. Unter einem Netz fühlen sich die Pflanzen einfach pudelwohl!

Ich denke, dass solche Netze bald eine wichtige Rolle im Gemüse- und Obstbau spielen werden. In allen warmen Ländern sind solche Netze schon längst etabliert und nicht mehr wegzudenken. Ich frage mich nur, warum sie nicht bereits ein halbes Jahrhundert früher entwickelt wurden. Wahrscheinlich weil sich unsere Vorstellungskraft auf das beschränkt, was bereits vorhanden ist. Zuerst wurde Glas, dann Folie verwendet – an die Vorteile von Netzen hat niemand gedacht. Jetzt gibt es die Netze, aber niemand denkt beispielsweise über energetische Schutzfelder nach. Diese werden aber auch noch entwickelt, davon bin ich überzeugt.

Unsere Fassadennetze

Das sind die Netze, die man bei der Renovierung von Fassaden verwendet. Sie bestehen aus gewöhnlichem Polypropylen. An der Sonne verlieren sie ihre Stärke und werden brüchig. Wenn man sie aber nur im Juli und August benutzt und danach gefaltet lagert, können sie auch drei bis vier Jahre überstehen. Sie sind nicht schlecht für die Schattierung geeignet, außerdem kann man sie zum Abdecken von reifenden Erdbeeren und Kirschen einsetzen. Ich schätze, dass eine Schicht die Sonnenenergie, sprich die Überhitzung, um etwa 15 bis 20 Prozent reduziert. Bei Bedarf kann man auch zwei Schichten aufziehen.

Hier kommt nun das Wichtigste über diese Netze: Sie sind um ein Vielfaches günstiger, wenn man sie in großen Rollen zu etwa 200 Laufmeter kauft. Wenn man sie in einer Schicht über die Herbst-Himbeeren aufzieht, entledigen wir uns des Hauptproblems des Monats August: Der Himbeer-Sonnenbrand wird eliminiert. Gleichzeitig erhöht sich der Ertrag und die Reifung der Beeren wird so gerafft, dass man sich beeilen muss, um sie rechtzeitig ernten zu können. Ähnliche Reaktionen zeigen auch andere Pflanzen. Erste Erfahrungen kann man auch mit den einfacheren und günstigeren Varianten sammeln. Vielleicht werden andere Netze gar nicht gebraucht.

KAPITEL 6

Physik der Temperatur im Gewächshaus

Etwas zu wollen ist nicht schädlich,
schädlich ist, etwas Falsches zu wollen!

Der erste Gärtner in meinem Umfeld, der sich Gedanken über die Probleme kleiner Gewächshäuser machte und diese Probleme entscheidend korrigierte, war der Gärtner und Biophysiker Konstantin Malishevskiy aus Novosibirsk. Das war vor 15 Jahren. Ich überarbeitete sein Manuskript, fügte meine Erfahrung hinzu und wir publizierten ein gemeinsames Buch über das Gärtnern im Gewächshaus. Damals konnten wir uns automatische, hydraulische Fensteröffner noch nicht einmal im Traum vorstellen. Konstantin war einer der Ersten, der solche anzufertigen begann. Die Ersten fertigte er noch aus Automobilöl-Hydraulikzylindern. Diese Vorrichtung ist sehr einfach. Die Luft erwärmt sich, das Öl im Zylinder dehnt sich aus, stößt die Stange aus dem Zylinder und öffnet das Fenster. **(Abb. 24)**

Abb. 24

Wenn die Luft kälter wird, zieht sich das

Öl zusammen und die Fensteröffnung schließt. Das Gewächshaus schützt die Pflanzen selbstständig vor Überhitzung und Unterkühlung. Wie überall in Europa, stehen solche Hydrozylinder jetzt auch bei uns in Russland zum Verkauf. Ich glaube, dass unser Buch dabei geholfen hat.

Nachfolgend die wichtigsten Kapitel aus diesem Buch. Konstantin erzählt selbst.

Über eine clevere Konstruktion

Was für einen Dummkopf klar ist, ist für einen Klugen noch fraglich!

Bei den meisten Fertiggewächshäusern, die zum Verkauf angeboten werden, gibt es einen erheblichen Nachteil. Sie werden nicht von denen entworfen und produziert, die sie verwenden. Dementsprechend sind sie in erster Linie für die Zweckdienlichkeit der Produktion, der Montage oder den Verkauf ausgelegt, aber nicht für ihre Tauglichkeit im Einsatz! Insbesondere die Lüftungsöffnungen sind entweder extrem klein oder sie fehlen sogar ganz. Und am schlimmsten ist, dass die Firstlüftung komplett fehlt, was den Austritt von heißer Luft über den First unmöglich macht. Dem Käufer bleibt nur: Er muss das Gewächshaus selbst Tag für Tag, Woche für Woche, Monat für Monat öffnen und schließen.

Die Konstruktion des Gewächshauses sollte aber in erster Linie die Funktion erfüllen, für die es gebaut worden ist. Es soll eine für die Pflanzen optimale Lufttemperatur und Feuchtigkeit gewährleisten.

Die Sonne ist ein gewaltiger kostenloser Ofen, der sich morgens ein- und abends ausschaltet. Dieser „Ofen“ heizt das Gewächshaus innerhalb weniger Minuten auf – hat aber einen „kleinen“ Nachteil.

Am besten wärmt er nämlich, wenn es draußen sowieso schon heiß ist, und wenn es kälter wird, schaltet er automatisch ab. Genau diesen Nachteil können wir mit einem clever konstruierten Gewächshaus kompensieren.

Als Erstes muss die Abfuhr der überschüssigen Wärme sichergestellt werden. Dies bedeutet, dass die Fensteröffnungen sehr groß sein sollten (mindestens ein Viertel der Dachfläche). Am besten befinden sie sich im Firstbereich, da sich dort die wärmste Luft ansammelt. Idealerweise sollte die Temperatur im Gewächshaus auf nicht mehr als plus 40 Grad Celsius ansteigen. Für die wärmste Zeit sollte man noch für eine Beschattung sorgen, zum Beispiel mit Agrotex® oder mit einem Netz, das man über das Dach ziehen kann. Die Türen sollten Sie nicht für die Belüftung einsetzen. Das verursacht schädlichen Durchzug und fördert den Verlust von Kohlendioxid.

Zweitens ist es notwendig, die Wärme bei kaltem und bedecktem Wetter zu speichern. Hier ist ein Hydraulikzylinder (wie oben beschrieben), der die Fenster automatisch auf- und zumacht, unverzichtbar. Falls der „Ofen“ plötzlich eingeschaltet wird, sollte dieser Automat die Fenster schnell und weit aufmachen. Falls es nur wenig wärmer wird, sollte er die Fensteröffnungen nur leicht öffnen. Und wenn es deutlich kälter wird, muss er diese komplett schließen. Das alles sollte zuverlässig funktionieren.

Hier bietet der hydraulische Automat das beste Preis-Leistungs-Verhältnis. Diesem simplen Gerät können Sie Ihr Gewächshaus ruhig anvertrauen, auch wenn Sie für einige Tage abwesend sind.

Stellen Sie sich vor, wie angenehm es ist, aus dem Fenster zu schauen und zur Ehefrau oder zum Ehemann zu sagen: „Schau mal, die Sonne geht auf und das Gewächshaus öffnet bereits die Firstlüftung …“

Hilft das herkömmliche Gewächshaus den Pflanzen?

Wie oft habe ich hören müssen, dass ein Gewächshaus nur Probleme und Zusatzkosten ohne jeglichen Zusatznutzen verursacht. Einige meiner Kollegen haben ihre Gewächshäuser sogar bereits wieder abgerissen. Ich selbst habe das auch schon einmal gemacht! Die Argumente waren sehr einfach: Der Ertrag im Freiland ist nicht kleiner, sondern größer. Und der Geschmack, vor allem jener der Tomaten, ist deutlich besser. Sie reifen im Gewächshaus eine bis zwei Wochen früher. Aber ist es uns das wirklich wert?

Außerdem fühlen sich Krankheiten und „Schädlinge“ im Gewächshaus deutlich wohler. Zum Beispiel können Spinnmilben und Blattläuse bei heißem Wetter die Blätter der Gurken und Auberginen innerhalb weniger Tage total zerstören.

Also, was ist denn hier los? Warum bringen einige Gewächshäuser Ertrag, Ernte und Freude und andere nur Sorgen und Probleme? Lassen Sie uns das ergründen.

Die meisten unserer Gemüse sind tropische oder subtropische Pflanzen. Damit sie sich wohlfühlen, müssen wir möglichst angenehme Bedingungen für sie schaffen: Temperaturen von plus 25 bis 35 Grad Celsius und eine Luftfeuchtigkeit von 70 bis 100 Prozent.

Mit solchen Bedingungen können wir bei uns in Sibirien während ein oder zwei Wochen im Jahr rechnen und das nicht einmal in jedem Jahr! Im Süden Russlands sieht es nicht unbedingt besser aus: Es ist zu warm und zu trocken. Mit Sonnenlicht sind wir sogar besser versorgt als die Tropen. Die Sommertage warten mit bis zu 17 Stunden Tageslicht auf, während es am Äquator nur zwölf Stunden sind. Das bedeutet, dass der Hauptzweck des Gewächshauses darin besteht, günstige Bedingungen für das Leben der Pflanzen in Bezug auf die Temperatur und die Luftfeuchtigkeit zu schaffen.

Betrachten wir den Temperaturverlauf im Gewächshaus etwas näher. Es ist bekannt, dass die Wachstumsgeschwindigkeit der Pflanzen proportional zur Umgebungstemperatur erfolgt. Ein Temperaturanstieg um 10 Grad Celsius verdoppelt die Wachstumsrate. Das gilt aber nur bis plus 35 Grad Celsius! Eine Temperatur von über

40 Grad Celsius unterdrückt das Wachstum deutlich, ab plus 50 Grad Celsius fangen die Pflanzen an einzugehen. Sie werden jetzt wohl sagen, das sei doch allgemein bekannt.

Das mag zutreffen. Aber wissen Sie, welche Bedingungen Sie für Ihre Lieblinge im Gewächshaus schaffen? Nehmen Sie fünf identische Thermometer und platzieren Sie drei davon im Gewächshaus; eines unter dem Dach, eines zwischen den Pflanzen und eines direkt auf dem Boden. Zum Vergleich platzieren Sie im Freiland eines auf Augenhöhe und eines am Boden. Dabei ist wichtig, dass sich alle fünf Thermometer im Schatten befinden. Jetzt können wir herausfinden, welche Bedingungen uns unser Gewächshaus während 24 Stunden und bei sonnigem Wetter bietet. Schauen wir einmal einen sonnigen Tag im Detail an.

Der Morgen vor Sonnenaufgang: Alle Thermometer zeigen nahezu gleiche Werte. Im Frühling ist es plus fünf bis zehn Grad Celsius, im Sommer in Sibirien plus 15 bis 20 Grad Celsius und im Süden kann es auch bis plus 25 bis 27 Grad Celsius warm sein. Bei diesen Temperaturen haben die Gewächshauspflanzen praktisch Freilandbedingungen. So bringt das Gewächshaus keinen wirklichen Vorteil.

Der Morgen und der Vormittag: Die ersten Sonnenstrahlen erreichen das Gewächshaus. Die Innentemperatur steigt rasant an, insbesondere im Firstbereich. Innerhalb einer halben Stunde erreicht sie dort plus 35 bis 40 Grad Celsius. Im Bereich der Wachstumszone sind es nun plus 25 bis 30 Grad Celsius. Das ist optimal. Das ist positiv. Genau dafür brauchen wir das Gewächshaus. Aber der Boden ist immer noch kalt! Der Temperaturunterschied zwischen dem Boden und der Luft liegt bei 25 bis 30 Grad Celsius! Die Wurzeln im kalten Boden schaffen es nicht, den erwärmten Blättern die jetzt benötigte Feuchtigkeit hochzupumpen. Die Pflanzen leiden unter Stress. Es herrscht ein Wasserdefizit trotz feuchtem Boden. Das ist negativ. Draußen steigt die Temperatur währenddessen auch an, aber viel langsamer und gleichmäßiger. Insgesamt geht es den Pflanzen im Gewächshaus immer noch etwas besser als draußen. Wir sind aber noch meilenweit vom Idealzustand entfernt.

Der Tag bei prallem Sonnenschein: Die Temperatur im Gewächshaus klettert auf plus 40 bis 45 Grad Celsius, im Firstbereich bis auf plus 60 Grad Celsius und höher! Die Luftfeuchtigkeit fällt rasant! Besorgte Gewächshausbetreiber machen alle Öffnungen und Türen auf, aber die seitliche Lüftung hilft nur wenig. Zudem transportiert die Zugluft die Feuchtigkeit, die ohnehin schon zu knapp vorhanden ist, auch noch weg! Das ist größter Stress für die Pflanzen! Solche Bedingungen gibt es nicht in den Tropen, sondern in der Wüste. Um diese Zeit eignet sich unser Gewächshaus nicht für Gurken, sondern für Kakteen!

Die Blätter und die jungen Triebe können den Turgordruck, also den Innendruck in den Zellen, nicht mehr aufrechterhalten, er sinkt massiv, die Photosynthese setzt aus, Blüten und kleine Früchte fallen ab. Die „Schädlinge" (Spinnmilben lieben Hitze und Trockenheit) sind „überglücklich". Ein kleiner Hinweis: Zur gleichen Zeit steigt die Außentemperatur kaum auf über 30 Grad Celsius, doch eine Temperatur von plus 30 Grad Celsius wäre ideal. Draußen leiden die Pflanzen fast nicht unter der Hitze. An einem warmen Tag bringt das Gewächshaus den Pflanzen deutlich mehr Schaden als Nutzen. Das ist ein großes Minus!

Der Abend, so um Sonnenuntergang: Die Sonne brennt nicht mehr. Die Innentemperatur sinkt auf plus 35 bis 25 Grad Celsius, die Luftfeuchtigkeit nimmt zu. Die Pflanzen erheben sich und erwachen zu neuem Leben. Wenn alle Öffnungen offen stehen, gleicht sich die Innentemperatur rasch der Außentemperatur an. Während dieser Zeit leben die Pflanzen drinnen und draußen praktisch unter gleichen Bedingungen. Nur müssen die Gewächshauspflanzen sich vorerst vom Stress des Tages erholen. So hilft das Gewächshaus wieder nicht.

Der späte Abend: Es wird dunkel. Die Betreiber haben das Gewächshaus geschlossen (wenn sie es nicht vergessen haben). Draußen wird es kälter, aber im Gewächshaus bleibt die Restwärme. Die Gewächshauspflanzen können diese Wärme noch für ein bis zwei Stunden für ihr Wachstum nutzen, solange die Temperatur im Inneren nicht unter 10 bis 15 Grad Celsius fällt, denn dann stellen sie das

Wachstum wieder ein. Während dieser wenigen Stunden nützt das Gewächshaus tatsächlich.

Die Nacht: Die Temperatur im Gewächshaus ist nur ein bis zwei Grad Celsius höher als draußen. Das bringt nur bei Frost einen Nutzen und einen kleinen Vorteil früh im Frühling und im Spätherbst. Draußen beschert der Tau in der Nacht den Pflanzen Feuchtigkeit. Drinnen sind sie auf eine Bewässerung angewiesen. Das ist ein kleiner Nachteil. Übrigens: Das ungeheizte Gewächshaus kann nur vor einem unbedeutenden Frost von bis zu minus drei bis fünf Grad Celsius schützen.

Also, wenn wir alle Vor- und Nachteile abwägen, verstehen wir, warum das Gewächshaus bei gutem Wetter so wenig bringt! Bei bewölktem Wetter dringt die Sonnenenergie durch die Wolken hindurch und wärmt auch das Gewächshaus, aber es entsteht keine Überhitzung. Hier stellt sich aber die Gretchenfrage, ob wir denn die Fensteröffnungen des Gewächshauses aufmachen sollen oder besser nicht. Wenn wir sie öffnen, gleicht sich die Innentemperatur rasch der Außentemperatur an. Wenn wir sie geschlossen belassen, könnte es bei der ersten Aufhellung zu einer Überhitzung kommen. Das ist definitiv ein Nachteil.

Infolgedessen kompensieren die Nachteile praktisch alle Vorteile und häufig überwiegen sie sogar. Deshalb bringt das Gewächshaus nicht den Effekt, den wir von ihm erwarten.

Was kann man dagegen unternehmen? Neben dem Gewächshaus stehen und die Öffnungen je nach Temperatur öffnen und schließen? Am Anfang machen wir das vielleicht noch, aber schon bald verfluchen wir diese Tätigkeit und lassen tagsüber einfach offen.

Türen und Fensteröffnungen

Durchzug ist ein beleidigter, missverstandener und wütender Wind der Veränderung.

Haben Sie sich einmal überlegt, warum wir in manchen Wohnungen Fenster haben, die ganz oben geöffnet werden können? Sie werden vielleicht sagen: „natürlich zum Lüften". Aber komplett geöffnete Fenster und Türen würden das viel schneller erledigen. Warum bringt man diese praktischen kleinen Öffnungen oben bei den Fenstern an – oder warum macht man Kippfenster?

Die Antwort auf diese Frage ist jedem klar, der schon versucht hat, bei kaltem Wetter zum Beispiel eine Balkontür zu öffnen. Haben Ihre Mitbewohner auch schon einmal so oder ähnlich reagiert? „Schließ sofort die Tür, die Kinder erkälten sich und es zieht an den Beinen." Solche Reaktionen kommen meist schnurstracks. Die Außenluft ist deutlich kälter und schwerer. Sie fließt den Boden entlang und kann sich dabei nur schwer mit der warmen Luft vermischen. Das führt zu einem deutlichen Temperaturunterschied. Das ist der Durchzug. Dieser verursacht Stress, der zu Krankheiten führt – übrigens nicht nur bei den Kindern, sondern auch bei den Pflanzen.

Die Fensteröffnungen werden also oben am Fenster angebracht, sodass die von draußen hereinströmende Luft beim Absinken Zeit hat, sich aufzuwärmen. Die Lüftung soll ohne Durchzug vonstatten gehen. Warme Luft strömt nach oben und vermischt sich mit der von außen kommenden Frischluft. Dabei tauschen die unterschiedlich warmen Luftmassen Feuchtigkeit und Wärme aus.

Die einzige Funktion, die der Tür des Gewächshauses zugedacht sein sollte, ist die Aufgabe, als Durchgang für das Betreten und Verlassen desselben zu dienen. Danach muss sie geschlossen bleiben. Warum benutzen wir zum Lüften des Gewächshauses praktisch nur die Tür und verursachen dabei Durchzug? Die Antwort ist ganz einfach: Pflanzen jammern und beschweren sich nicht!

Wärmeeinsparung

Tagsüber können wir die Temperatur in unserem Gewächshaus bereits regulieren. Durchschnittlich herrschen hier dann plus 30 bis 35 Grad Celsius. Aber sobald die Sonne untergeht, kühlt das Gewächshaus rasant ab. Die Außenluft wird kälter und kälter. Was, wenn es friert? Wie gut wäre es, wenn wir jetzt die „überschüssige" Wärme des Tages nutzen könnten! Aber wir haben sie beim Versuch, eine Überhitzung zu vermeiden, in die Atmosphäre entweichen lassen. Das ist ja, als wenn man Geld aus dem Fenster wirft. Könnten wir diese Wärme nicht tagsüber speichern, um sie in der Nacht nutzen zu können?

Klar, das geht. Steine und Beton speichern Wärme nicht schlecht. Aber davon braucht man zu viel. Um die nächtliche Abkühlung zu minimieren, werden pro Quadratmeter Gewächshausoberfläche bis zu einem halben Kubikmeter Steine oder Backsteine benötigt. Wenn man diese am Boden platzieren würde, gäbe es keinen Platz zum Gehen. Doch wo könnten sie sonst platziert werden? Die einzige praktikable Möglichkeit ist, aus ihnen die nördliche Wand eines passiven Solargewächshauses zu bauen! Für eine Wand mit einer Länge von fünf Metern und einer Höhe von drei Metern verwendet man fünf bis sieben Kubikmeter Steine. Das gibt die nötige Wärme. Die Chinesen bauen nicht umsonst ihre passiven Sonnentreibhäuser. Und die Holländer verwandelten sogar die Wände in ihren Gewächshäusern in Öfen und heizten damit.

Wasser ist ein toller Wärmespeicher: Es speichert Wärme doppelt so effizient wie Sand oder Kies. Es speichert sogar mehr Wärme als Metall. Ein Liter Wasser speichert genauso viel Wärme wie 3,25 Kubikmeter Luft. Wie viel Wasser braucht man, um in einem Gewächshaus mit einer Fläche von 20 Quadratmetern während der ganzen Nacht eine um 10 Grad Celsius höhere Temperatur als draußen zu erreichen? Die Berechnungen zeigen: Es sind etwa 3400 Liter oder 3,4 Kubikmeter. Das ist ein ganzer Swimmingpool!

Zweifelsohne ist das für einen Wintergarten eine Option. In jedem älteren Wintergarten und Gewächshaus für Tropenpflanzen gibt es einen Teich. Dieser dient sowohl als Feuchtigkeitsregulator als auch als Wasserquelle für die Bewässerung, als Aquarium, Unterbringungsmöglichkeit für Wasserpflanzen und als Ort, um sich auszuruhen. Und gleichzeitig dient er als leistungsfähiger, thermischer Puffer! Aber in einem normalen Gemüsegewächshaus gibt es schlicht nicht genug Platz für so viel Wasser.

Praktisch lässt sich das Gewächshaus leider weder mit Wasser noch mit Steinen heizen. Warum? Weil beide Wärmespeichermedien die Wärme so schnell verlieren, dass sie innerhalb von ein bis zwei Stunden vollständig abkühlen.

Wohin verpufft die Wärme?

Das Ausmaß des Wärmeverlustes ist erstaunlich. Wissen Sie, wie viel Wärme ein gewöhnliches russisches Mehrfamilienhaus verliert? Alles, was die Heizung liefert! Die Finnen haben das schon lange begriffen und isolieren ihre Häuser so, dass die Wärme der Haushaltsgeräte und Glühbirnen ausreicht, um ein Haus selbst bei Frosttemperaturen von minus 30 Grad Celsius warm zu halten. Und unsere Standardhäuser sind ständig glühende Feuerstellen, mit denen wir fleißig die Atmosphäre heizen. Was bleibt in solch einer Situation den Gewächshausbetreibern? Der Wärmeverlust durch eine Schicht Folie oder Glas ist sogar bei einer vollständigen Versiegelung enorm. Im Durchschnitt verliert jeder Quadratmeter 250 Joule an Energie pro Sekunde! Beschreiben wir das etwas anschaulicher: Stellen wir uns ein Foliengewächshaus mit einer Bodenfläche von 20 Quadratmetern vor. Die Gesamtfläche seiner Hülle beträgt etwa 40 Quadratmeter. Im Freien ist es meistens 20 Grad Celsius kälter als im Gewächshaus. In diesem Fall beträgt der Gesamtwärmeverlust 10 Kilowatt! Noch einfacher ausgedrückt: Um in der Nacht in diesem Gewächshaus die Temperatur bei etwa plus 25 Grad Celsius zu halten, wenn es draußen etwa fünf Grad Celsius kalt ist, wird ein ununterbrochen arbeitendes 10 KW/h-Heizgerät benötigt. Das ist fast schon eine „Heizkanone“.

Doch ohne Beheizung würde die Luft im Gewächshaus um acht bis elf Grad Celsius pro Minute abkühlen! Das heißt, dass das Gewächshaus nach Sonnenuntergang innerhalb weniger Minuten auskühlen würde – wenn da nicht ein natürlicher und leistungsstarker Wärmespeicher wäre: die Erde! Die Wärmespeicherkapazität des feuchten Bodens ist fast identisch mit der Wärmespeicherkapazität von Wasser, aber das Volumen ist um ein paar Nummern größer. Eine 20 Zentimeter dicke Erdschicht, die um 10 Grad Celsius erwärmt wird, ermöglicht es, die Wärme in unserem Gewächshaus für etwa drei Stunden zu speichern. Das ist nicht schlecht! Aber am schlausten wäre es, die Wärme tagsüber in den Boden zu leiten. Doch darüber reden wir später.

Wärmespeichernde Abdeckungen

Die Wärme zu akkumulieren ist gut, aber noch wichtiger ist es, sie nicht wieder zu verlieren. Dafür brauchen wir Abdeckungen, die weniger Wärme entweichen lassen. Eine zweite Folienschicht mit einem Luftpuffer dazwischen, beispielsweise, erlaubt es, den Wärmeverlust zu halbieren. Bei windigem und regnerischem Wetter vermindert sich der Wärmeverlust sogar um das Vierfache, weil die innere Folienschicht nicht durch Regennässe oder Wind gekühlt wird. Wenn wir schon beim Thema sind: Der Wind erhöht den Wärmeverlust eines einfach bedeckten Treibhauses um das Vier- bis Fünffache, ein starker Wind um das Acht- bis Neunfache.

Clevere Skandinavier haben schon seit Langem damit aufgehört, einschichtige Bedeckungen zu verwenden. Diese sind zu transparent im Sommer und verlieren in der kalten Zeit zu viel Wärme. Doppelte Bedeckungen sind doppelt wirksam: Sie absorbieren ein Drittel der Sonnenwärme und speichern die Wärme besser. Das Gesamtergebnis ist höchst erfreulich.

Die passiven Sonnengewächshäuser der Chinesen werden in der Nacht mit speziellem wärmeisolierendem Material bedeckt. Dieses ist sehr effektiv – leicht, schaumig und mit einer reflektierenden Beschichtung versehen. Eine automatische Vorrichtung rollt einfach abends die Isolation von einer Art Spule von oben nach unten ab und morgens wieder auf.

Den gleichen Effekt erzielt man, wenn man die Beete mit einer zusätzlichen „Decke“ aus Vliesstoff bedeckt. Jede Schicht erhöht den Widerstand der Wärmeübertragung um das Zweifache. So betrachtet ist dickes Polycarbonat das ideale Material für Gewächshäuser. Es gibt Wärme um eine Größenordnung langsamer ab als Glas oder Folie. Das heißt, es speichert die Wärme rund zehnmal länger. Dabei lässt es das Licht gut durch, so um 80 bis 85 Prozent. Mit einer guten Heizung kann so ein Polycarbonat-Gewächshaus auch bei Frost von bis zu minus 30 Grad Celsius funktionieren. Und das Problem der sommerlichen Wärmeableitung löst man ganz einfach mit einer Firstlüftung.

„Wärm dich auf, wenn es kalt ist,
und kühle dich ab, wenn es heiß ist.“

Beim Vergleich des Verlustes und der Speicherung der Wärme sehen wir deutlich, warum das Foliengewächshaus im Frühling und bei sonnigem, aber kaltem Wetter auch ohne Lüftung auskommen kann. Es schafft es einfach, die Wärme schnell genug abzugeben, um sich zu kühlen. Genau deswegen funktionieren die Frühlingstreibhäuser so gut: Sie können schnell aus einer Folie, die über die Bögen geworfen wird, angefertigt werden – auch ohne Lüftung. Aber diese natürliche Automatik hilft nur, wenn die Umgebungsluft kalt genug ist. Wenn die Witterung aber sommerlicher wird und die Umgebungstemperatur etwa plus 20 Grad Celsius erreicht, kann nur eine Teilschattierung vor Überhitzung schützen. Am einfachsten geht das, wenn man alte Tarnnetze, Baunetze, phytoprotektive Netze oder Vlies darüberlegt. Das funktioniert gut und ist effizient. Es gibt auch bereits spezielle wärmereflektierende Materialien. Diese sind jedoch noch ziemlich teuer. Bei großen Gewächshäusern kann die Verwendung von einfachen Netzen bereits ins

Geld gehen. Unsere Bauern beschreiten den einfachen und günstigen Weg: Ab Mai besprühen sie die Gewächshäuser mit Kalkmilch oder sogar nur mit einer Tonlösung. **(Abb. 25)**
Zu welchem Schluss kommen wir? Das Gewächshaus muss im Frühling ganz andere physikalische Aufgaben erfüllen als im Sommer.

Abb. 25

Es muss also *multifunktional* sein. Und weil sich der Aufbau nicht ändert, muss es sich diesen unterschiedlichen Aufgaben anpassen können – und das geht auch.

Um die Sonnenenergie optimal nutzen zu können, sollte das Gewächshaus im Frühjahr ...

- das Licht ungehindert einströmen lassen; es braucht sauberes Glas, Polycarbonat oder eine neue Folie,
- ein Minimum an reflektierenden Flächen im Inneren des Gewächshauses aufweisen; ideal ist ein Maximum an schwarzen Oberflächen,

- sorgfältig isoliert/versiegelt sein; alle Risse müssen abgedichtet werden,
- nicht von Wind, Bäumen, Büschen, Bauten oder anderen Gewächshäusern beeinträchtigt werden,
- eine maximale Wärmespeicherung im Boden erzielen; durch Hochbeete sollte warme Luft gepumpt werden (mehr darüber später),
- eine maximale Wärmespeicherung in Wasser erzielen; dies erreicht man mit schwarzen, mit Wasser gefüllten Behältern, die mit einer transparenten Folie oder einem Deckel dicht verschlossen sind,
- Wärme in betonierten Wegen und/oder in der hinteren, nördlichen Steinmauer speichern; der Boden und eine nördliche Mauer sind die leistungsstärksten Wärmespeicher,
- die wichtigste Bedingung erfüllen: Das Gewächshaus muss den Wärmeverlust verhindern. Dies erreicht man mit einer zweiten Schicht aus Folie oder Polycarbonat oder mit einem Vlies (bei Frost).

Um eine Überhitzung im Sommer zu verhindern, muss das Gewächshaus ...

- das Sonnenlicht nur reduziert eindringen lassen; dies erreicht man durch die Besprühung mit Kalklösung, mit einem Schutz aus halbtransparenten Materialien oder durch Beschattung,
- Wärme vom Boden reflektieren lassen; hier helfen eine helle Mulchschicht und helle Gegenstände,
- sich erwärmende Luft rasch und zuverlässig abführen. Dazu braucht es genug große, obere Fensteröffnungen, sprich Firstöffnungen. Und natürlich sollten die Fenster- oder Firstöffnungen automatisch auf- und zugehen.

Fensteröffnungen, die von Pflanzen gemocht werden

Abb. 26

Es ist natürlich einfach, Fensteröffnungen an den Seiten oder an der Vorderwand des Gewächshauses anzubringen. Und noch bequemer ist es, gar keine anzubringen – das ist doch nur unnötiger Aufwand. Es gibt doch eine Tür, diese kann man doch öffnen! Ans Dach legt man lieber nicht Hand an, es könnte doch undicht werden.

Aber vergessen wir nicht, dass im Gewächshaus Pflanzen leben und nicht die Gewächshauserbauer und Nutzer. Aus Sicht der Pflanzen gehören die Fensteröffnungen ganz nach oben, in den First, um überschüssige heiße Luft möglichst effizient abzuführen und um Durchzug zu verhindern.

Deswegen gehören die Fensteröffnungen in den obersten Teil des Daches, in den First. Sie sollten schmal und lang sein. So können sie dem Wind am besten standhalten. Idealerweise sind sie 20 bis 30 Zentimeter breit und zusammen mindestens halb so lang wie das Gewächshaus. Noch besser sind Öffnungen über die gesamte Länge der Konstruktion. **(Abb. 26)** Von größter Bedeutung ist

Abb. 27

zudem, dass die Fensteröffnungen auf der vom vorherrschenden Wind abgewandten Seite angebracht werden. **(Abb. 27)**

Es gibt einige Modelle, bei denen die gegen den Wind gerichtete Wand höher ist als die vom Wind abgewandte. Zwischen dem erhöhten Dach der höheren Wand und dem niedrigen Dach der kleineren Wand ist eine zentrale Fensteröffnung angebracht.

Aber die aus meiner Sicht cleverste Konstruktion haben die Ingenieure der Firma „Wille“ entwickelt. Sie haben ein Polycarbonat-Gewächshaus konstruiert, dessen obere Segmente des Daches leicht auseinandergeschoben werden können. **(Abb. 28)**

Abb. 28

Schon bei leichtem Öffnen des Dachsegments entsteht so eine Firstlüftung. Mit vollständig geöffneten Segmenten geht das Gewächshaus in den Winter. Dieses Gewächshaus kann locker große Schneemengen aufnehmen, die „Schädlinge“ erfrieren lassen, und man muss keine Angst vor Schneemassen auf dem Dach haben.

Wie installiert man automatische Fensteröffnungen?

Erfinder, vergiss niemals: Niemand außer du selbst braucht deine Erfindung!

Am besten befestigt man die Stange des Automaten, die das Fenster aufstößt, an der Mittelsprosse der Fensteröffnung, so verteilt sich die Kraft gleichmäßig und das Fenster wird beim Öffnen nicht verzogen. Dabei ist es ratsam, in der Mitte eine Querstange anzubringen, an der die Stangenhalterung des Gerätes befestigt wird. **(Abb. 29)**

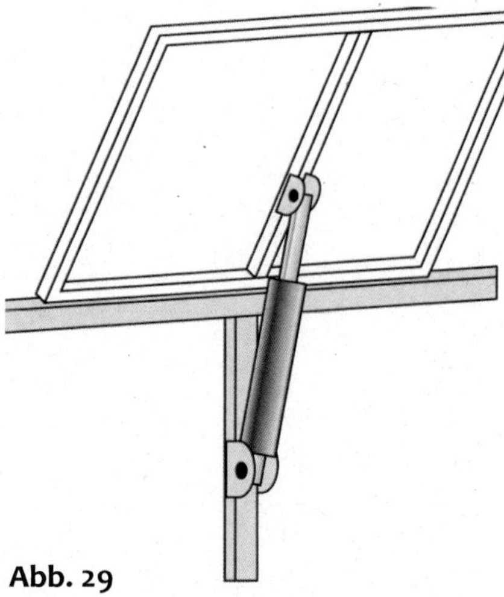

Abb. 29

Falls die Fensteröffnung ein Teil des Daches ist, geht diese unter eigenem Gewicht bei der Abkühlung wieder zu.

Wenn die Fensteröffnung an einer vertikalen oder einer schräg verlaufenden Wand platziert wird, ist eine einfache Türfeder erforderlich, um die Öffnung nach der Abkühlung wieder in die Ausgangsposition zurückzubringen, sprich zu schließen (siehe Abb. 24). Die Feder sollte man an der gleichen Querstange wie den hydraulischen Automaten befestigen, nur ein wenig vom Scharnier entfernt. In dieser Position hat die Feder genug Zugkraft, um die Öffnung des Fensters durch den Wind verhindern zu können. Die Kraft der Feder stört jedoch die Arbeit des Hydraulikzylinders nicht.

Der hydraulische Automat kann reguliert werden!

Auf dem Balken A befestigen wir die Schiene der Länge M.
Nein, M ist zu wenig, nehmen wir lieber N!

Wenn Sie das Gefühl haben, Ihr Automat öffnet die Fensteröffnung zu früh, und Sie wollen die Öffnungstemperatur erhöhen, dann schieben Sie die untere Zylinderfassung ein paar Zentimeter nach unten. Je tiefer der Zylinder platziert ist, desto später wird das Fenster geöffnet und die Öffnung wird schmaler. **(Abb. 30)**

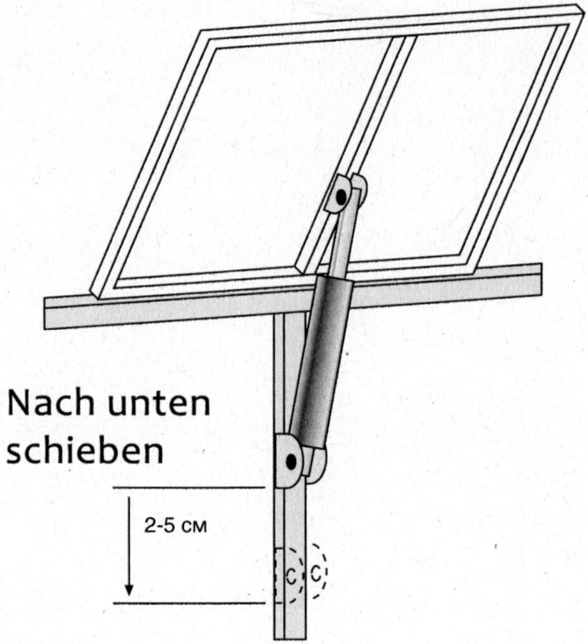

Abb. 30

Dementsprechend wird das Fenster auch früher geschlossen. Für einen kleinen Automaten, wie jener in Abb. 24, bringt eine Verschiebung um sechs bis sieben Zentimeter nach unten eine Erhöhung der Öffnungstemperatur um etwa ein Grad Celsius. In Ihrem Gewächshaus wird es also etwa ein Grad Celsius wärmer.

KAPITEL 7

Der Boden – der leistungsstärkste thermische Puffer

Zu Beginn dieses Abschnitts ist es angebracht, ein paar wissenschaftliche Informationen zur Gewächshausproduktion zu liefern. Die Temperaturdifferenz zwischen dem Boden und der Luft erreicht im Frühjahr bis zu 20 Grad Celsius und im Sommer, wegen der Überhitzung, sogar noch mehr. Dementsprechend fällt unsere Gurkenernte sehr mager aus. Es sind nicht mehr als fünf Kilogramm/Quadratmeter. In den Anweisungen für die Konstruktion von Gewächshäusern steht schwarz auf weiß, dass der Temperaturunterschied drei Grad Celsius nicht überschreiten soll! Unter solchen Bedingungen ernten wir bei einer Durchschnittstemperatur von 28 Grad Celsius rund 30 Kilogramm/Quadratmeter! Man beachte den Unterschied.

Gewächshäuser in einem Graben

Alles Neue ist gut eingegrabenes Altes!

Mein Landsmann, Vladimir Alexandrovich Antropov, ein unermüdlicher Gärtner, „Meister der Setzlinge“ und Baumeister, hat seine in die Erde abgesenkten Gewächshäuser zusammen mit seiner Ehefrau eigenhändig gebaut, sprich eingegraben. Sie nutzten den tiefen Grundwasserstand auf ihrem Grundstück aus. Und sie taten es auf eine einfache Weise: Sie vertieften die Wege zwischen den Beeten um einen Meter und begrenzten die Beete mit Mauern. **(Abb. 31 und 32)**

Abb. 31

Abb. 32

Das gesamte Gewächshaus wurde abgesenkt. Die Wirkung ist gleich in mehrfacher Hinsicht erstaunlich!

1. Der Wärmeverlust wird entscheidend reduziert; die Wärme bleibt viel länger gespeichert. Die Fläche der Außenhülle ist deutlich kleiner als üblich. Das Gewächshaus ragt rund eineinhalb Meter weniger hoch über den Boden hinaus; die seitlichen Wände sind sehr klein. Der Segeleffekt der Folie halbiert sich dabei. **(Abb. 33)**

Abb. 33

Im Frühling erwärmen sich die Beete schnell. Im Sommer speichern sie fast die gesamte Wärme des Tages. Im Herbst gibt die gesamte Bodenmasse diese Wärme wieder ab.

Faktisch sind die hohen Beete riesige Wärmespeicher. Das Ergebnis ist, dass die Nachttemperatur um acht bis zehn Grad Celsius höher liegt als in einem gewöhnlichen Gewächshaus. Während in gewöhnlichen Gewächshäusern ohne Heizung alles bereits friert, gibt es im Grabengewächshaus immer noch keinen Frost. In den kältesten Nächten reicht es meist, ein Vlies über den Pflanzen auszubreiten. Sogar im sehr frostigen Winter des Jahres 2006 fror der Boden im Grabengewächshaus nicht ein. Die Klettertomaten tragen darin gewöhnlich bis Mitte Dezember und bringen sehr große Früchte hervor. Im besagten Frostwinter schenkten die Herbst-Himbeeren, gepflanzt für die Zucht, den Züchtern ihre letzten Früchte am 31. Dezember!

2. Die Temperatur im Grabengewächshaus verändert sich sehr gleichmäßig. Die zur Verfügung stehende Oberfläche für den Wärmeaustausch ist dank der Wände der Beete dreimal so groß wie „nur" die Bodenoberfläche allein. Ich würde das als sehr effektives „Wärme-Schwungrad" bezeichnen: Die überschüssige Wärme wird lange absorbiert; der Wärmemangel wird lange ausgeglichen. Trotz des kleinen Volumens überhitzen die Gewächshäuser bis beinah Anfang Juni gar nicht.

3. Es ist auch äußerst bequem, an den Pflanzen zu arbeiten, faktisch ist es so, als ob diese auf einem Gestell stünden. Ein weiterer Pluspunkt ist, dass es viel einfacher ist, das Gewächshaus zu reparieren und zu warten.

4. Das Problem des Durchzugs existiert auch nicht. Auf der Abbildung 33 ist ein Fenster sichtbar. Es gibt vier solche Fenster in diesem Gewächshaus. In unserem Fall ist es jedoch so, dass die Tür auch eine vollwertige Lüftungsöffnung darstellt, da sie sich doch direkt unter der Decke befindet. Die kalte Luft sinkt in den Graben, die warme Luft bleibt auf der Höhe der Pflanzen. Außerdem ist die Konstruktion sehr preiswert: Sie benötigt sowohl weniger Metall als auch weniger Folie und bietet ein großes Plus an Wärmespeicherung. Die Ernte fällt dabei zwei- bis dreimal höher aus als im Freiland. Man kann aber auch das gesamte Gewächshaus eingraben!

Ein Gewächshaus in einem Bodenloch

Solche Gewächshäuser haben unsere Urgroßväter gebaut. Sie haben einfach und geschickt den leistungsstarken Heiz-, Speicher- und Wärmepuffer der nicht einfrierenden Bodenschichten genutzt. Davon berichtet der Meister der Gewächshäuser, Oleg Karp, im Internet. Ich habe ein allgemeines Schema zu seinen Ideen entworfen – daraus wird alles klar. **(Abb. 34)**

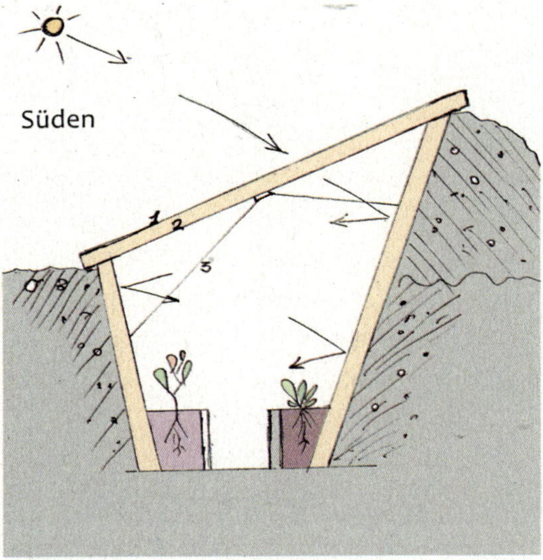

Abb. 34

Die Grube wird – in beliebiger Länge – in einer Ost-West-Ausrichtung gegraben. Der Aushub wird auf der Nordseite angehäuft, sodass die Dachschräge Richtung Süden ausgerichtet ist. Die Dachkonstruktion wird aus dicken Holzbretter gezimmert. Früher hat man das Dach beidseitig mit Glas eingedeckt. Heutzutage gibt es bessere Alternativen. Zum Beispiel kann man das Oberdach mit Polycarbonat und das Unterdach mit einer Folie eindecken. Eine dritte Schicht kommt nur bei starkem Frost von minus 20 Grad Celsius und mehr zum Einsatz. Sehr wichtig ist, dass die Enden der Bedeckung tiefer als der Gefrierpunkt der Erde fixiert werden. Der Boden darf also dort nicht gefrieren.

Die Wände haben unsere Großväter einfach aus der Erde gemacht und sie mit Lehm oder Kalk beschichtet. Ich denke, wir können sie heutzutage auch aus Beton oder Ziegelsteinen fertigen und sie innen mit einer reflektierenden Alufolie bedecken. Aus meiner Sicht ist es bequemer, wenn man die Beete erhöht einrichtet, so wie in Abbildung 34. So lassen sie sich kinderleicht bestellen und im Frühling werden sie früher warm. Die Erde um das Gewächshaus herum würde ich mit einem wärmedämmenden Material, wie zum Beispiel Polyurethan-Schaum oder mit etwas Ähnlichem, abdecken. Darauf gehört noch eine Schicht Erde. So kann der Frost nicht eindringen und die akkumulierte Sommerwärme bleibt länger in den Gewächshauswänden gespeichert.

Der Eingang zum Gewächshaus muss durch einen Vorraum führen. Eine Tür ist hier sicherlich nicht genug, es braucht zwei, und je sorgfältiger diese isoliert sind, desto besser. Bei einer Breite von zweieinhalb Metern und einer Tiefe von 2,2 Metern braucht ein solches Gewächshaus keine Heizung, auch nicht in den Breitengraden von Sankt Petersburg oder Moskau. Die Temperatur ist in solchen Gewächshäusern optimal ausgewogen. Aber im Sommer sollte man trotzdem das Dach bedecken. Ab Mitte Februar bis November wachsen dort vorerst grüne Gemüse, danach auch Tomaten zusammen mit Gurken. Die ganze Konstruktion ist zudem sehr preisgünstig.

Das Thermos-Gewächshaus

Eine noch perfektere (aber auch teurere) Variante des versenkten Gewächshauses ist das Thermos-Gewächshaus. Es wurde erstmals vom ukrainischen Meister Anatoly Vasilievich Patiy gebaut und patentiert. Im Internet gibt es viele Berichte über seine „Bananenfarm“. Die Abmessungen seines Thermos-Gewächshauses betragen wie folgt: Länge: 55 Meter, Breite: 5 Meter, Höhe am First: 3,6 Meter. Anatoly Vasilievich lebt in der Region Kiev, in der Siedlung Rozni. Dort baut er in seinen Gewächshäusern seit Jahren Zitronen, Orangen, Feigen, Kaki, Mandarinen, Granatäpfel und sogar Bananen und Papaya an. Alle Pflanzen tragen das ganze Jahr über Früchte. Das Geheimnis ist das Gleiche: Das ganze Gewächshaus ist in den Boden abgesenkt, überirdisch ist nur das Dach. Die Pflanzen wachsen in Töpfen und Fässern. Nach Angaben des Erfinders verbraucht das Thermos-Gewächshaus fünfzehnmal weniger Energie als alle gewöhnlichen Gewächshäuser. Wenn die Außentemperatur minus drei Grad Celsius beträgt, misst er in seinem Gewächshaus plus 15 Grad Celsius – und das ohne jegliche Heizung. An einem bewölkten Tag mit einer Außentemperatur von minus 30 Grad Celsius ist es im Gewächshaus plus drei Grad Celsius warm, allerdings mit der Unterstützung eines kleinen Heizofens. Sobald sich jedoch die Sonne zeigt, steigt die Temperatur ohne Heizung auf plus 20 bis 25 Grad Celsius.

Mittlerweile werden solche Thermos-Gewächshäuser von vielen Heimwerkern nachgebaut und jeder verbessert sie auf seine eigene Art und gemäß seinen eigenen Bedürfnissen. Die Wände werden aus Schaumbeton hergestellt und für das Decken verwendet man eine reflektierende Folie. Das Dach wird aus einem dicken Polycarbonat gefertigt. **(Abb. 35)**

Die südliche Dachschräge ist durchsichtig, die nördliche Wand ist im Innern mit einer reflektierenden Folie bedeckt. Diese Art der

Abb. 35

Konstruktion erlaubt es, dass viel Licht einströmen kann. Im Sommer muss man sie sogar beschatten. Dabei kommt es im Inneren kaum je zu einer Überhitzung und das gestreute Licht ist ideal für die Photosynthese.

Solche „Thermos“ leisten auch in heißen Wüsten sehr gute Dienste. Dort helfen sie der Überhitzung und der Trockenheit zu trotzen. Ein ganz anderes Beispiel, das für diese Konstruktionsweise spricht, ist die südaustralische Stadt Coober Pedy. Dort werden die Häuser nicht oberirdisch gebaut, sondern in einer Tiefe von vier bis fünf Metern in den Sand eingegraben. Dank dieser Bauweise können die Menschen dort in einer angenehmen Temperatur leben, fast ohne Energieverbrauch. Das Absenken in den Boden ist wahrlich ein universelles Prinzip!

KAPITEL 8

Bodenerwärmung

Ich erinnere Sie kurz daran, dass aus Sicht der Pflanzen die Bodentemperatur viel wichtiger ist als die Lufttemperatur. Eine Bodentemperatur, die bei nicht weniger als plus 22 bis 25 Grad Celsius liegt, ist ideal für die meisten Gemüse und Blumen. Am einfachsten kann man für die Pflanzen einen warmen Boden schaffen, indem man sie in Töpfen auf einem Regal zieht oder wenn man die Erde in einer Schicht von 20 bis 30 Zentimetern auf den Regalen ausbreitet. Blumen-Gartenbaubetriebe machen das oft so.

Die ganzen Beete erwärmen kann man, wenn man sie in große Behälter verwandelt. So macht es Vladimir Andropov in Sibirien. Dort friert der Boden sehr tief ein. Die lokalen Heimwerker verwandeln die Gewächshausbeete in autonome Pflanzenbehälter. Die Wände und der Boden werden mit Styropor ausgekleidet und dann mit guter organischer Erde gefüllt. Der Frost dringt von draußen nicht ein und alles wächst doppelt so schnell. Andere Heimwerker legen eine Schicht aus PET-Flaschen auf den Boden.

Und wie kann man den ganzen Boden erwärmen? Der naheliegendste Weg ist, eine unterirdische Heizung anzulegen. Einige unserer Landwirte machen das bereits so. Sie legen Plastikröhren in einer Tiefe von etwa 20 bis 25 Zentimetern in den Boden. **(Abb. 36;** Foto: S. Atoyan)

Das warme Wasser kommt aus einem konventionellen Gaskessel mit geringer Leistung. Es ist besser, einen Teil der Wärme in die Luft abzuleiten, indem man einen kleinen Ventilator im System der Radiatoren platziert. So gleichen sich die Temperaturen des Bodens und der Luft schnell aus.

Abb. 36

Ein Bekannter von mir, ein Landwirt aus Belgorod, Stepan Atoyan, installierte ein solches System und war von der Wirkung total überrascht. Der Boden wärmt sich innerhalb von zwei Wochen vollständig auf. Die Wurzeln der Traubensetzlinge wachsen so rasch in Richtung der Wärmequelle, dass sie größtenteils aus den Töpfern hinauswachsen. Die Setzlinge entwickeln einen großen „Bart“ aus Wurzeln, und das bei noch „schlafenden“ Knospen – der Traum eines jedes Winzers!

Zwiebeln beginnen um fünf Zentimeter pro Tag zu wachsen. Tomaten und Gurken verdoppeln ihre Wachstumsgeschwindigkeit und entwickeln sich ausgezeichnet. Alle Setzlinge kommen eine Woche früher auf den Markt und sind hervorragend entwickelt. Die Investition machte sich bereits in der ersten Saison bezahlt.

Der Landwirt Yuri Tsikov aus Adygejsk benutzt das gleiche System. Seine Tomaten wachsen viel schneller als die der Nachbarn. Er verkauft seine Ernte immer früher als alle anderen und es gibt bei ihm fast keine Krankheiten.

Im Frühling beginnt die Konstruktion jedoch sehr schnell zu überhitzen. Warum leiten wir diese überschüssige Warmluft nicht einfach in den Boden? Damit kann man drei Fliegen mit einer Klappe schlagen: 1. Der Boden wird wärmer, 2. die Luft kühlt sich ab und 3. im Gewächshaus bleibt mehr Kohlendioxid, da es geschlossen bleibt!

Das passive Sonnen-Gewächshaus „Vegetary“, gebaut von A.V. Ivanov

Zum ersten Mal wurde so ein Ganzjahresgewächshaus von einem Physiker aus Kiev, A.V. Ivanov, gebaut und mehrere Jahre benutzt. Das war bereits am Anfang der 1950er-Jahre. Er nannte seine Gewächshäuser „Sonnen-Vegetary“. Er ließ das System patentieren und erhielt sehr viele Auszeichnungen für seine Erfindung. Leider verstarb er im Jahr 1971. Seine „Vegetary“ hat man sehr erfolgreich in Vergessenheit geraten lassen. Im Jahr 1996 erschien das Buch „Sonnen-Vegetary“, das Ivanov zusammen mit seinen Mitautoren A.A. Ivanko, A.P. Kalinichenko und N.A. Shmat verfasst hatte, in einer sehr kleinen Auflage.

Genau aus diesem Buch stammen die Abbildungen 37 und 38. In den 2000er-Jahren wuchs das Interesse an diesem System wieder, da auch Energie in diesen Jahren deutlich teurer wurde. Und doch haben sich die „Vegetary“ in unserer Kultur nicht etabliert.

Ich habe eine Überraschung für Sie. Die Zeiten haben sich geändert und einer von unseren Tüftlern hat es geschafft, warme Luft beinah ohne Energieverbrauch in den Boden zu leiten. Aber darüber berichte ich am Schluss. Zuerst schauen wir das Prinzip der „Vegetary“ an. Das traditionelle Gewächshaus weist drei Hauptprobleme auf:

1. Beim tiefen Sonnenstand (also im Frühling, Herbst, Winter, im Norden und abends) dringt wegen der starken Reflexion der flachen Sonneneinstrahlung maximal 20 bis 30 Prozent der Sonnenenergie ins Gewächshaus ein.

2. Der ungeheure Wärmeverlust durch die Bedeckung hindurch und die fehlende Möglichkeit, die Wärme im Innern zu speichern, führen zu enormen Temperaturschwankungen zwischen Tag und Nacht.

3. Die direkte Belüftung, die im Sommer unverzichtbar ist, trägt das gesamte Kohlendioxid, einen Teil des Stickstoffs und die gesamte Feuchtigkeit (die durch die Blätter verdunstet wird) weg. Von daher kommt der große Bedarf an Bewässerung und Düngung.

Das „Vegetary“ löst alle diese Probleme auf einen Streich:

Es fängt die Sonnenenergie ein. Ein Vegetary baut man auf einem natürlichen oder aufgeschütteten Hang von 15 bis 20 Grad Neigung in südlicher oder südöstlicher Ausrichtung. **(Abb. 37)**

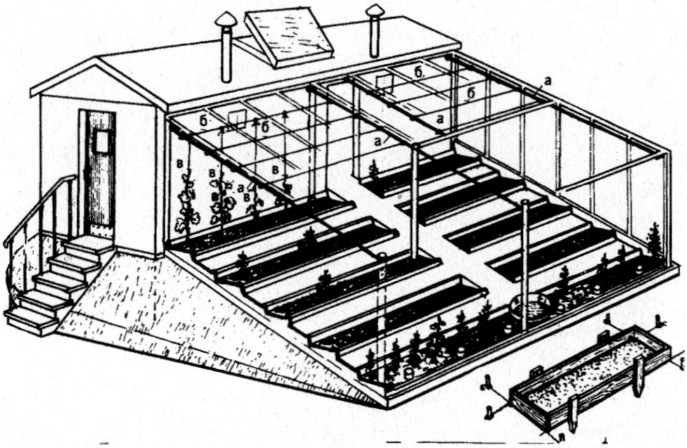

Abb. 37

Dimensionen von 4 x 6 bis 10 Meter sind absolut realistisch. Das Dach ist flach und besteht aus einem dreischichtigen Polycarbonat. Das Ergebnis ist, dass die Sonnenstrahlen fast senkrecht auf den Boden fallen und praktisch nicht reflektiert werden.

Das ist aber noch nicht alles. Die Rückwand wird nicht aus Polycarbonat angefertigt. Sie ist vielmehr die Wand eines Hauses oder Hauswirtschaftsraums. Sie wird weiß gestrichen oder noch besser mit einem reflektierenden Isolationsmaterial bedeckt. Bei einem tiefen Sonnenstand fungiert diese Wand als Reflektor, der fast doppelt so viele Sonnenstrahlen zu Boden fallen lässt. Je tiefer der Sonnenstand ist, desto mehr Sonnenenergie wird absorbiert. Das flache Dach strahlt zudem die Wärme zurück. Die Zufuhr der Sonnenenergie wird dadurch um das Vier- bis Fünffache erhöht, abends und im Winter um das Achtzehn- bis Zwanzigfache.

Die Probleme mit den Temperaturunterschieden und der CO_2-Konzentration werden durch eine elegante Erfindung gelöst. Es handelt sich dabei um einen geschlossenen Kreislauf des Luft- und Wärmeaustauschs. Plastikröhren werden in einer Tiefe von 30 bis 35 Zentimetern und in einem Abstand von etwa 55 bis 60 Zentimetern auf einer Schicht aus Blähton oder Splitt im Boden verlegt und im unteren Teil durchlöchert. **(Abb. 38)**

Ihre unteren Enden werden zurück auf die Erdoberfläche geleitet. Die oberen Enden sind miteinander verbunden und an einen Ventilator angeschlossen. Ein üblicher Haushaltsventilator mit einer Leistung von 15 bis 20 Watt kann problemlos drei bis vier Röhren mit einem Durchmesser von 70 bis 100 Millimetern bedienen.

Erinnern wir uns: Die Erwärmung des Boden ist der stärkste Beschleuniger der Pflanzenentwicklung. Bei einer Bodentemperatur von plus 30 Grad Celsius werfen Tomaten und Gurken den doppelten Ertrag ab und das noch einen Monat früher. Bei Auberginen ist es gar der dreifache Ertrag!

Und so funktioniert das „Vegetary“: Der Ventilator saugt warme und feuchte Luft in die Röhren und bewegt sie von unten nach oben. Die Luft gibt ihre Wärme und Feuchtigkeit dem Boden ab. Die abgekühlte Luft wird ins Gewächshaus zurückgeblasen und kann

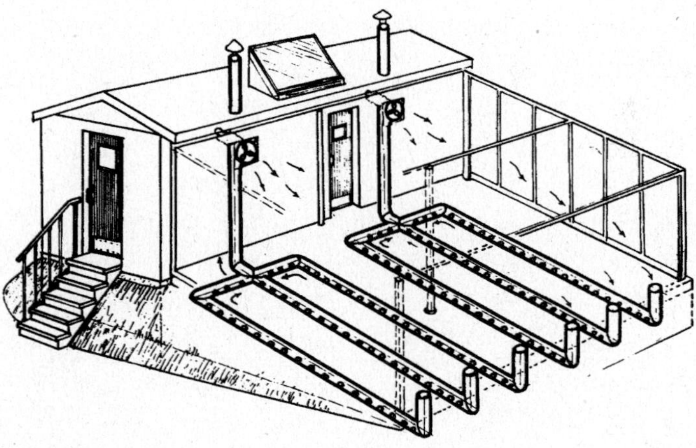

Abb. 38

sich dort wieder aufwärmen. Innerhalb nur eines Tages erwärmt sich die gesamte Bodenfläche auf plus 30 Grad Celsius oder sogar noch höher – die gesamte Bodenfläche wird zum Wärmespeicher. Es wird so viel Energie gespeichert, dass es beinah für die ganze Nacht ausreicht. In der Nacht arbeitet der Ventilator weiter und bedient die Luft des Gewächshauses mit Wärme aus dem Boden.

In den letzten zwei Jahrzehnten hat dieses System in Europa, insbesondere in Skandinavien, eine breite Verwendung gefunden. Dort wird warme Luft in die Erde, in den Steinboden, in Wärmespeicher in Wasserbecken und sogar in die Wände der angrenzenden Räume gepumpt. Auf diese Weise kann im „Vegetary" bei frostigen Außentemperaturen von minus 10 Grad Celsius am Tag und minus 15 Grad Celsius in der Nacht eine Temperatur von plus 18 Grad Celsius tagsüber und plus 12 Grad Celsius nachts gehalten werden. Zum Vergleich erreicht man in einem gewöhnlichen Gewächshaus morgens rund plus 10 Grad Celsius, tagsüber plus 30 Grad Celsius, und nachts schafft man es oft nicht mal auf 0 Grad Celsius.

Das Wichtigste dabei ist jedoch eine sehr gute Abdichtung. Für den Fall eines starken Frostes wird ein einfacher Lufterhitzer mitinstalliert, mit dem man warme Luft in das Gewächshaus bläst. Für solche frostigen Überraschungen reicht ein Lufterhitzer mit einer Leistung von 1,0 bis 1,2 Kilowatt aus. Aber solche Frostnächte sind zum Glück nicht zahlreich und es ist sowieso besser, im Winter nur Grünpflanzen anzubauen, die keine Heizung benötigen.

Im Frühling und im Sommer bewahrt der gleiche Ventilator das Gewächshaus vor einer Überhitzung. Im Boden speichert man nicht mehr die Wärme, sondern die nächtliche Kühle. Der in der Nacht abgekühlte Boden gibt seine Kühle tagsüber ab, wärmt sich auf, gibt nachts die Wärme wieder ab und kühlt erneut herunter.

Das „Vegetary" reguliert die Feuchtigkeit und den CO2-Gehalt in der Luft. Bei einer offenen Belüftung wird der Ertrag im Vergleich zu einem möglichen Ertrag im „Vegetary" trotz Pflege und Bewässerung um das Zwei- bis Dreifache reduziert. Warum? Hier gibt es zwei wichtige Faktoren.

Als Erstes ist da das Kohlendioxid (CO_2). Fast das gesamte von den Pflanzen benötigte CO_2 entsteht aus verrottender organischer Substanz. Und je höher der CO_2-Gehalt liegt, desto besser ist der Ertrag. Der geschlossene Luftkreislauf im „Vegetary“ lässt eine enorme Masse an CO_2 entstehen. Diese Masse deckt das gesamte produktive Potenzial der Pflanzen ab.

Als Zweites zu erwähnen sind Boden- und Luftfeuchtigkeit. Bei einer Oberflächenbewässerung geht viel Feuchtigkeit durch Verdunstung verloren, selbst wenn es sich um ein Tropfbewässerungssystem handelt. Das System der Bodenröhre ist wahrlich das ausgefeilteste System der „atmosphärischen Bewässerung“. Es ist ein regelrechter Kondensatsammler! Die warme Luft strömt durch die kühle Röhre und gibt eine Menge Wasser ab – dieses fällt in der Form von Kondensat an den Röhrenwänden an. Die Röhren haben unten alle 15-bis 20-Zentimeter-Löcher mit dem Durchmesser eines Bleistifts. Damit das Wasser gut durchsickern kann, sind die Röhren auf Splitt oder Blähton verlegt. Während des ganzen Tages kehrt das durch die Blätter verdunstete Wasser kontinuierlich in das Untergrundsystem der Röhren zurück und fließt dort langsam in die Löcher. Mit dem warmen Wasser wird der warme Boden rund um die Röhren befeuchtet. Hier, in der warmen und feuchten Tiefe, gedeihen die Wurzeln vorzüglich. Die oberflächliche Bewässerung wird beinahe gänzlich überflüssig. Das Wasser ist absolut frei von Salzen, aber angereichert mit Ammoniak und dem CO_2 der verrottenden Substanz. Organische Dünger und Mineraldünger werden bei der Vorbereitung des Bodens eingebracht und wirken nach und nach.

Ein nützlicher Nebeneffekt ist, dass die Luft im Gewächshaus immer feucht bleibt. Das ist ein wichtiger Faktor für die Produktivität. Die Luftfeuchtigkeit reduziert die Wasserverdunstung durch die Blätter stark. Die Pflanzen, die von der unnötigen Arbeit der Verdunstung befreit sind, intensivieren die Synthese der Biomasse. Es ist wegen der hohen Luftfeuchtigkeit jedoch notwendig, die Pflanzen akribisch auf Krankheitssymptome zu überwachen. Zu Ivanovs Zeiten gab es das noch nicht!

Es ist sinnvoll, den Ventilator mit einfachen Temperatursensoren zu verbinden, sodass er sich automatisch ausschaltet, wenn sich die Temperatur im Gewächshaus und in den unterirdischen Röhren angleicht.

Zu Beginn der 1960er-Jahre kultivierte Ivanov Zitronen, Mandarinen und Ananas im „Vegetary“. Auf 17 Quadratmetern „Vegetary“-Fläche erntete er von zwei achtjährigen Bäumen 193 Kilogramm Zitronen und ein Jahr darauf 216 Kilogramm Zitronen. Der Ananasertrag wurde nicht dazugezählt. Die Baukosten des „Vegetary“ lagen unter 12 Euro pro Quadratmeter.

Im Jahr 1963 wurden auf 22 Quadratmetern Fläche eines einfachen „Vegetary“ 110 Tomatenpflanzen aus sehr schwachen Setzlingen gezogen. Der Ertrag belief sich auf 269 Kilogramm, an großen Früchten – 12,5 Kilogramm je Pflanze. Anschließend wurden 110 Pflanzen Chrysanthemen für den Verkauf gezogen. Ohne einen einzigen Euro für die Beheizung auszugeben, lieferte Ivanov fast drei Dezitonnen von diesen Pflanzen ab. Die Produktionskosten betrugen etwa 2,50 Euro pro Quadratmeter.

Im Jahr 1964 wurden die Erträge eines gewöhnlichen Gewächshauses mit denen des „Vegetary“ verglichen. Die Tomaten reiften im „Vegetary“ innerhalb von 92 Tagen und somit 43 Tage früher als im Standardgewächshaus. Der Ertrag pro Quadratmeter Fläche war im „Vegetary“ dreimal höher und gleichzeitig waren die Produktionskosten dreimal geringer. Dazu hatte man im „Vegetary“ nur halb so viel Arbeitsaufwand und benötigte außerdem 2,4-mal weniger von der Folienabdeckung.

Im Durchschnitt blühten die Pflanzen im „Vegetary“ einen Monat früher als im Gewächshaus. Die Ausreifung der Früchte erfolgte im „Vegetary“ eineinhalb Monate früher. Bei Frost bis maximal minus 10 Grad Celsius benötigt das „Vegetary“ gar keine Heizenergie außer der Sonnenenergie. Die Kosten für den Unterhalt des Mikroklimas sind 60-mal geringer als in herkömmlichen Gewächshäusern. Trotz der aufwändigeren Bauweise rechnet sich das „Vegetary“ bereits im ersten Jahr. Die Produktionskosten sind im „Vegetary“ um eine Größenordnung kleiner und die Produkte sind viel gesünder als ihre im industriellen Gewächshaus kultivierten Geschwister.

A.V. Ivanov sagte: „Ich träume davon, dass bald schon zu jedem Haus so ein ‚Vegetary' gehören wird und dass wir die Sonne für unsere Zwecke zähmen können. So werden wir keinen Bedarf an zugekauftem Gemüse mehr haben und können damit aufhören, Brennstoffe für die Produktion zu verbrauchen."

Das ist dann leider nicht geschehen. Die Behörden unterstützten die Idee nicht, Glas und Metall waren teuer und das Geld war knapp. Aber das war nicht das Hauptproblem.

Nach der Lektüre des Buches haben einige unserer Gärtner versucht, ein „Vegetary" zu bauen und zu betreiben. In der Praxis stellte sich heraus, dass es einige Fehler und Mängel in der Beschreibung gab. Das Buch zeigt nicht alle technischen Informationen auf. Ein Beispiel: Bei der angegebenen Richtung der Luftströmung werden deutlich leistungsstärkere Ventilatoren benötigt – keine Haushaltsventilatoren. Es ist zudem rationeller, die Luft unter dem First anzusaugen und von dort in den Boden zu pumpen. Im Sommer muss die Überhitzung viel effizienter reduziert werden. Es braucht im Minimum ein Beschattungsmaterial, das die Sonneneinstrahlung um 50 Prozent reduziert. So praktizieren es auch die Chinesen. Es muss auch täglich bewässert werden. Im Allgemeinen gibt es hier noch viel Verbesserungspotenzial. Aber die Idee des geschlossenen Kreislaufs der Luftbewegung ist ein bemerkenswerter Durchbruch in der Agrotechnik. Diesen Vorteil können wir ohne große Kosten nutzen.

Das Gewächshaus, das seinen Boden selber wärmt

Alexander Novy, ein Einwohner der Stadt Pechora in unserer nördlichen Republik Komi, hat ein Standard-Polycarbonat-Gewächshaus gebaut. Er nennt es liebevoll „Uralotschka". Es steht bei seinem Wochenendhaus, wo es keine Elektrizität gibt. Aber er hat einen Weg gefunden, wie man ohne Strom auskommen kann. Der Boden im Gewächshaus fängt bereits mit dem Beginn der Schneeschmelze an, sich langsam aufzuwärmen. Bereits einen Monat später, Mitte Mai, beträgt die Temperatur in einer Tiefe von 20 Zentimetern etwa plus 20 Grad Celsius. Das geschieht in Abwesenheit des Eigentümers und fast ohne Energiekosten! Wie hat Alexander dies erreicht? Zunächst einmal dank seiner umfassenden Kenntnisse der Wärmetechnik. Wir ziehen unseren Hut vor dem Meister und hören seine Lektionen an!

Der Lufttransfer in Ivanovs „Vegetary“ erfolgt ohne Berücksichtigung der wichtigsten Gesetze des Wärmeaustauschs. Hier ist das erste: Je größer der Temperaturunterschied ist, desto umfangreicher ist der Wärmeaustausch. Das bedeutet, die Luft soll nicht unten, sondern unter dem First, wo sie am heißesten ist, angesaugt werden. Dort platziert man den Lufteinlass des Rohres.

Es ist viel einfacher, gekühlte und trockene Luft aus dem Rohr herauszusaugen, als heiße und feuchte Luft in das Rohr hineinzublasen. Deswegen sollte man die Ventilatoren am anderen Ende des Rohres etwas oberhalb des Bodens installieren und diese zum Einsaugen der Luft verwenden. Die warme Luft wird unterhalb des Daches angesaugt, im Boden abgekühlt, abgetrocknet und vom Ventilator am anderen Ende des Gewächshauses aus dem Rohr herausgesaugt und zurück ins Gewächshaus geblasen.

Je dünner die Wand des Rohres und je größer seine Oberfläche ist, desto besser funktioniert der Wärmeaustausch. Außerdem gibt es Materialien mit einer hohen Wärmeübertragungsrate. Im Endeffekt läuft dies auf ein ideales Rohr aus dünnem, gewelltem Aluminium hinaus. Der Durchmesser beträgt etwa 15 Zentimeter, die Metalldicke zwischen 0,3 und 1,0 Millimeter. Die Wellung erhöht die Oberfläche um das Eineinhalbfache. Man beachte: Aluminium leitet Wärme dreimal besser als Stahl. Plastik, Zement und insbesondere Holz sind praktisch nicht wärmeleitend und ermöglichen nahezu keinen Wärmeaustausch. Wahrscheinlich hat Ivanovs „Vegetary“ aus diesen Gründen so starke Ventilatoren gebraucht.

Jetzt kommt das Wichtigste: Als Ventilatoren eignen sich übliche Kühlerventilatoren gebrauchter Computer. Es ist sehr einfach, diese direkt am Wellblechrohr zu installieren. Sie verbrauchen

0,14 Ampere (A) bei einer Spannung von 12 Volt. Eine Autobatterie mit 60 Amperestunde (Ah) betreibt einen solchen Kühler einen bis eineinhalb Monate lang und es ist nicht so schwer, die Autobatterie erneut aufzuladen.

Alexander gräbt sein Wellblechrohr in einer Tiefe von 40 Zentimetern ein, weil der Boden in seiner Gegend im Winter bis in eine Tiefe von zwei Metern durchfriert. In manchen Jahren taut er nicht einmal im Sommer komplett auf. Alexander platziert die Wärmequelle tiefer, um den Boden tiefer zu erwärmen und um den „Heizkörper" vor der Kälte abzuschirmen. Bei uns im Süden reicht eine Tiefe von 20 bis 25 Zentimetern. Wenn der Sommer näher rückt, nach dem Auspflanzen der Setzlinge, benötigt Alexander fünf Minuten Zeit, um den Kühler umzudrehen. Jetzt saugt der Ventilator nicht mehr ab, sondern bläst die tiefer liegende, kühlere Luft in das Rohr. Im Boden wird sie noch kühler und wird unter dem First als eine Art Kühldusche ausgestoßen. Im Sommer reicht das jedoch nicht aus, um eine Überhitzung zu verhindern. Deshalb installieren wir zusätzlich eine Beschattung und/oder eine automatische Fensteröffnung im First.

Ich denke, dass man anstelle einer Autobatterie auch eine Solarbatterie mit denselben Parametern verwenden kann. Ein paar Tage mit Schnee können nicht viel Schaden anrichten, da der Boden in der Regel bereits aufgewärmt ist. Dafür arbeitet sie im Sommer auf vollen Touren.

Das Jahr 2017 war ein katastrophal kaltes Jahr in Russland. Am 30. Mai mussten die Häuser in Kuban immer noch beheizt werden und die Gurken auf den Beeten hatten noch nicht einmal zu wachsen begonnen. An so etwas kann man sich bei uns nicht erinnern! In der Republik Komi lag noch ein halber Meter Schnee und es gab bis dahin fast keinen Sonnenschein. Ohne Sonne gab es aber keine warme Luft und das mit der Erwärmung des Bodens klappte nicht. Aber das war nur halb so schlimm. Es war nur so, dass sich der Sommer um einen Monat verspätet hatte. Nun ja, wir machten das mit der Herbstwärme wieder wett. Und schließlich noch eine gute Nachricht. Unsere Tüftler aus Sankt Petersburg haben gelernt, wie sie gute und ökonomische „Vegetary“ bauen können. Ihre Ventilatoren arbeiten mit Sonnenbatterien: Je häufiger die Sonne scheint, desto besser funktioniert die Belüftung. Die Bodenröhren legen sie in drei Ebenen, und zwar 20, 50 und 100 Zentimeter tief. So gelingt der Wärmeaustausch dreimal besser. Ihre Beschattungsnetze rollen sich vollautomatisch ab, wenn die Temperatur ansteigt.

Solche „Vegetary“ funktionieren sogar in den Breitengraden von Sankt Petersburg das ganze Jahr hindurch: Im Winter wächst dort Grünzeug, später alles andere. So Gott will, werde ich auch diese Erfahrungen studieren und darüber berichten.

Es bleibt uns bloß noch, wie versprochen, in die Frage der besseren Beleuchtung einzutauchen.

KAPITEL 9

Was ist optimales Licht?

Die Hälfte der Energie der Mittagssonne genügt für die Bedürfnisse der Photosynthese; der resultierende Lichtüberschuss kann von den Pflanzen nicht mehr aufgenommen werden und trägt zu der für die Pflanzen unproduktiven, ja gefährlichen Überwärmung bei.

K.A. Timirjazev

Jetzt fügen wir zum perfekten Mikroklima das optimale Licht hinzu. „Was soll das Geschwafel um das optimale Licht?! Die Sonne ist die Sonne! Man braucht nur mehr davon! Das sonnige Italien – Trauben, die sonnige Türkei – Feigen! „Das wär' ein Leben!“ – werden Sie sagen. Sie haben sogar restlos recht, wenn Sie an einem kalten und feuchten Ort leben ... und wenn sie in einer trockenen südlichen Steppe zu Hause sind ...

In der südlichen Steppe, in den südlichen Schwarzerdegebieten, in Zentralasien und in manchen Steppen Sibiriens hemmt die Sonnenstrahlung die Photosynthese. In Kuban ist die Sonnenstrahlung von Mitte Juni bis Ende August übermäßig stark. Wenn es sonnig und heiß ist, machen alle Gemüse und Trauben von 11:00 bis 18:00 Uhr „Siesta“ – sie stellen die Photosynthese ein, setzen das Wachstum aus und warten, bis die Hitze vorbei ist. Im Hochsommer, wenn es während einem bis eineinhalb Monaten keinen

Regen gibt und die Nachttemperaturen nicht unter plus 28 Grad Celsius sinken, wird diese Schockstarre nie unterbrochen. Dann verdorren die Maisfelder noch bevor die Maispflanzen es geschafft haben Kölbchen zu bilden.

Meine Erfahrungen haben Folgendes gezeigt: Tomatenpflanzen stellen die Photosynthese nicht ein und es gibt keinen Stress, wenn man die Sonnenenergie um 30 bis 40 Prozent drosselt. Ich erinnere hier an alte wissenschaftliche Arbeiten, die gezeigt haben, dass sich die Geschwindigkeit der Photosynthese bei einem Wechsel zwischen Licht und Dunkelheit um ein Mehrfaches erhöht. Schon im Jahr 1914 wurde der Effekt einer intermittierenden (= mit einer unterbrochenen, zeitlich aussetzenden) Beleuchtung vom russischen Akademiker A.A. Richter beschrieben. Später wurden die Dunkelreaktionen der Photosynthese entdeckt.

Es stellte sich heraus, dass die Photosynthese bei direkter Sonneneinstrahlung gehemmt wird, weil die Blätter es nicht schaffen, die Produkte der biochemischen Reaktionen zu verarbeiten. Für diese Verarbeitung ist Dunkelheit nötig. Die Geschwindigkeit der Photosynthese wird in etwa verdoppelt, wenn pro Sekunde Sonnenlicht etwa drei bis fünf Sekunden Dunkelheit oder Schatten herrschen. So bekommt das Sprichwort: „Wo Licht ist, ist auch Schatten", eine ganz neue Bedeutung.

Zur Information: Im „Totalschatten" ist die Beleuchtung um das 50- bis 100-Fache geringer als in der Mittagssonne. Im Schatten können alle Produkte der Photosynthese problemlos verarbeitet werden. Aber im „Totalschatten" ist die Photosynthese eben auch stark reduziert, da es nicht genug Sonnenlicht gibt. Die Lösung liegt in einer optimalen Beleuchtung oder in der bestmöglichen Abwechslung zwischen Licht und Schatten.

Warum ist das so? Schauen Sie sich irgendeine Pflanze genau an. Wie werden fast alle Blätter in einer Baumkrone beleuchtet? Und all die Pflanzen unter dem Blätterdach eines Waldes? Und die Blätter von Tomaten, Gurken oder jene irgendeiner Getreidepflanze? Das geschieht intermittierend, sprich unterbrochen. Jeder Chloroplast (= kugeliger Einschluss der Pflanzenzellen, der Chlorophyll enthält) hat sich an diese Art von Licht angepasst. Das Blätter-Mosaik hat nicht nur das Ziel, so viel Licht wie nur immer möglich einzufangen. Das Clevere ist viel mehr der Beleuchtungsrhythmus. Nur Kakteen in der Wüste werden ununterbrochen „gebraten“. Sie haben denn auch eine entsprechende Wachstumsgeschwindigkeit.

Unsere Vorfahren wussten die Natur zu beobachten. Schon vor langer Zeit wendeten die Südkosaken in ihren Gärten eine sehr kluge „Gleitbeleuchtung“ an. Sie errichteten ein Gestell aus Holzpfählen und Stangen. Auf dieses Gerüst legten sie Maisstiele, Hirse oder Sonnenblumen. Das Ergebnis war ein „Dach“, das das Licht in Streifen passieren ließ. Auf diese Weise wurde etwa die Hälfte des Himmels oder noch etwas mehr verdeckt. Der Boden überhitzte in diesen teilbeschatteten Gärten nicht, die Verdunstung nahm ab und die Photosynthese beschleunigte sich. Dieses Wissen ist das Vermächtnis unserer Großväter!

Als ich noch Schüler war, las ich das Werk „Ein Buch über Kakteen“ von I.A. Zaletaeva. Daraus lernte ich, dass auch einige Arten von Kakteen auf den südlichen Fensterbänken unter der direkten Sonneneinstrahlung leiden. Die Autorin löste das Problem einfach genial: Sie hängte einen Vorhang aus vertikalen Papierstreifen von zwei bis drei Zentimetern Breite an das Fenster. Licht und Schatten glitten nun in Einklang mit dem Sonnenverlauf über die Pflanzen, und die Kakteen fühlten sich pudelwohl.

Am besten eignen sich Armeetarnnetze, um den Schattierungseffekt einer Baumkrone zu imitieren. Diese sind jedoch sehr teuer. Es bleiben nur beschattende Vliesarten und phytoprotektive Netze. Wie diese die Photosynthese beschleunigen, habe ich bereits weiter vorne erläutert. Aber die importierten Netze sind für uns Russen immer noch zu teuer und in Russland kaum zu bekommen. Viele Firmen verkaufen zwar solche Schattierungsnetze mit einer sehr aussagekräftigen Beschreibung, aber in kleinen Abmessungen und exorbitant teuer. Deswegen sind sie auch keine Lösung für uns Gärtner.

Eine gangbare Lösung sind einfache Fassadennetze, die man am besten in großen Mengen kauft. Denn je größer die Rolle, desto günstiger ist sie. **(Abb. 39)** Sie können doppelt verlegt werden, dadurch reguliert man die Beschattung und man bekommt gleichzeitig einen Windschutz. **(Abb. 40)** Jede Schicht solcher Netze reduziert die Sonneneinstrahlung um etwa 20 Prozent.

Abb. 39

Auch unter nur schon einer Schicht solcher Fassadennetze verhalten sich die Pflanzen ganz anders. Himbeeren, zum Beispiel, vergrößern ihre Blattmasse, „atmen" mit Erleichterung aus und fangen an, so reichen Ertrag abzuwerfen, dass man es kaum schafft, sie zu ernten. Die Beeren „verbrennen" nicht mehr und alle sind schön und unversehrt. Es versteht sich von selbst, dass wir uns auch an das neue Verhalten der Pflanzen anpassen müssen. Aber es lohnt sich.

„Und was ist mit den Vliesstoffen?", mögen Sie sich fragen. „Sie eignen sich doch auch hervorragend zum Beschatten." Dazu sage ich auch ein paar Worte: Diese tauchten bei uns in Russland zu Zeiten der „Perestrojka" auf. Sie beschatten effektiv und reduzieren die übermäßige Sonneneinstrahlung

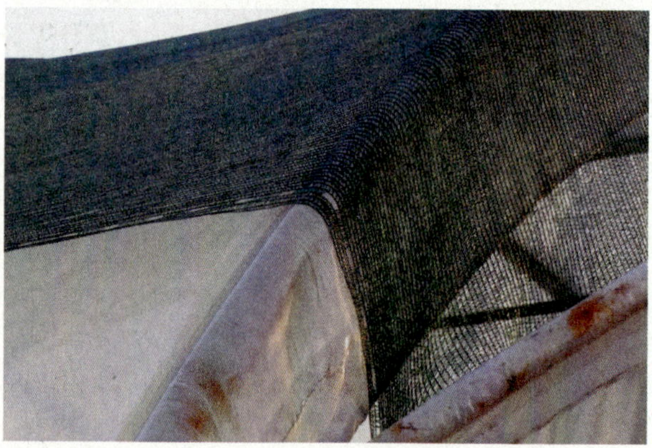

Abb. 40

auch ganz gut. In so einem einfachen Gewächshaus, gedeckt mit Vlies, leben Tomaten und Gurken viel länger und „quietschvergnügt“. **(Abb. 41)**

Diese Vliese haben aber einen Schwachpunkt: Die Materialien bestehen hauptsächlich aus Polypropylen und das ist nicht UV-beständig. Außerdem sind sie nur unzureichend winddurchlässig und erzeugen dadurch einen erheblichen Segeleffekt. Deswegen reißen sie meist schon nach recht kurzer Zeit. Sie überstehen höchstens ein Jahr oder noch weniger. Die meisten beginnen schon im August zu zerbröseln und zu reißen. Deswegen betrachte ich sie nicht ernsthaft als eine echte Abdeckung.

Abb. 41

Vliese eignen sich jedoch für eine kurze Verwendungsdauer sehr gut, besonders, wenn die Nutzung durchdacht ist. So ein Beispiel habe ich auf der Krim entdeckt. Das Vlies wurde einfach über die Beete geworfen und an den Rändern gut fixiert. Darunter ging es insbesondere den Erdbeeren sehr gut. Sie wurden vor Kälte und leichtem Frost geschützt. Die Rolle der Stütze übernahm in dieser

Mischkultur der Knoblauch. Er hob das Vlies wie von Geisterhand an und spannte es sogar auf wie ein Zelt! Der Knoblauch liebt den Halbschatten ganz offensichtlich auch. **(Abb. 42)**

Und wenn man dann noch über die schützende Wirkung der Phytonzide (= antibiotisch wirksame Substanz von Pflanzen) im Knoblauch spricht, dann ist zu erwähnen, dass sie unter dem Vlies um ein Mehrfaches größer ist. Welch eine Symbiose von Knoblauch, Vlies und Erdbeeren! Das ist wahrlich eine fabelhafte Permakultur!

Abb. 42

Die Beleuchtung der Setzlinge

Jetzt ein paar Sätze über die zusätzliche Beleuchtung für die Setzlinge im Frühling. Sogar auf südlich ausgerichteten Fensterbänken ziehen sich die Setzlinge extrem in die Länge. Warum ist das so? Wie können wir sie beleuchten, um das zu verhindern? Die

Abb. 43

Einrichtung einer kleinen An- und Aufzuchtexperimentier-anlage daheim, unsere kleine „Daheim-Indoor-Anlage“, hat uns geholfen, das Phänomen zu verstehen und Abhilfe zu schaffen. Das Experiment hat gezeigt, dass es notwendig ist, den Pflänzchen genug Licht zu schenken. Wir müssen es fertigbringen, dass die Setzlinge von derselben Lichtintensität profitieren können, die sie auch im direkten Sonnenlicht der Monate April und Mai erhalten würden.

Hier folgt eine grobe, jedoch anschauliche Schätzung. Eine Hochleistung-LED-Lampe mit 26 Watt Leistung entspricht der Lichtstärke einer Glühlampe von 250 Watt. Zwei solche LED-Lampen nebeneinander platziert ergeben etwa 5000 Lumen Lichtstärke. Wenn wir damit 0,1 Quadratmeter aus einer Höhe von etwa 20 bis 30 Zentimetern beleuchten, bekommen wir 50 000 Lux, in etwa die Beleuchtungsstärke, die die Sonne an einem sonnigen Tag in den Breitengraden Moskaus erzielt. Genau so eine Beleuchtung sehen Sie in **Abb. 43**.

Hier zog sich der Salat nicht in die Länge und war schön grün und kräftig. Genauso würden sich auch Setzlinge entwickeln. Der gleiche Salat blieb auf der südöstlichen Fensterbank blass, zog sich stark in die Länge und hörte auf zu wachsen. **(Abb. 44)**

Abb. 44

Das war im Oktober, wo wir doch im Herbst immer sehr viel Sonnenschein abbekommen. Im Mai gibt es auf dieser Fensterbank keinen besseren Salat, weil das Licht nur von einer Seite kommt und die Pflänzchen auch nur kurz besonnt werden.

Zudem sollte das Licht idealerweise von oben leuchten und den ganzen Tag vorhanden sein!

Um die Sonne im Mai zu simulieren, benötigen wir pro Quadratmeter zehn LED-Lampen mit je 26 Watt Leistung! In solchem Licht werden sich die Setzlinge nicht in die Länge ziehen. Der Energieverbrauch beträgt mehr als 250 Watt pro Stunde. Das ist nicht wenig. Natürlich kann man auch nur fünf LED-Lampen nehmen und noch das Tageslicht, das durch das Fenster einströmt, dazurechnen und zudem auf den drei anderen Seiten (nicht auf der Fensterseite) eine reflektierende Folie installieren. Können Sie sich das vorstellen?

Wenn man nur eine LED-Lampe über diesem Quadratmeter aufhängt, bringt das nur ein Zehntel der benötigten Lichtstärke. Das entspricht in etwa der Lichtintensität des Schattens in einem dichten Wald. Lassen Sie mich kurz in Erinnerung rufen: Im Schatten ist es rund 50-mal dunkler als an der Sonne. Deswegen ziehen sich unsere Setzlinge in die Länge.

Was immer man sagen mag, ein Dutzend starke Leuchten pro Quadratmeter können ins Geld gehen. Was können wir sonst tun? Ich schlage einen Kompromiss vor. Erstens: Solange die Setzlinge auf der Fensterbank wachsen, trennen Sie diese mit Leuchtschildern aus reflektierender Folie von der Dunkelheit des Zimmers ab. So strahlen Sie das Sonnenlicht zurück an die Pflanzen. Mit dieser einfachen Installation kann man die Lichtstärke verdoppeln. Zweitens: Gedulden Sie sich mit dem Beginn der Anzucht. Die Stärke des Sonnenlichts verdoppelt sich jeden Monat. Die später ausgepflanzten Setzlinge holen die früher ausgesetzten Pflänzchen ein und überholen diese sogar. Sie profitieren einfach von mehr Sonnenlicht und mehr Wärme. Direkt in den Boden ausgesäte Tomaten holen die Setzlinge schnell ein und wachsen besser, obwohl sie dann etwas später tragen.

Lassen Sie uns logisch nachdenken: Wann beginnen die Bäume ihre Blätter auszutreiben? Zu diesem Zeitpunkt ist das Sonnenlicht optimal für die Photosynthese. Wann wachsen die Triebe der Bäume am schnellsten? Dann ist die Kombination von Licht, Wärme und Bodenfeuchtigkeit optimal. Bei uns ist das im Mai der Fall. Ab

Mitte Juni beginnt die Sache mit dem Sonnenstress. Das heißt, die Aufgabe der Gärtner der südlichen Steppen und in anderen südlichen Gefilden besteht darin, das ganze Jahr über den immerwährenden „Mai“ aufrechtzuerhalten. Die Devise der Gärtner des Nordens lautet: Den Setzlingen ist die Beleuchtung zu intensivieren und den Beeten Wärme und Windstille zu verschaffen. Dies gilt insbesondere im Frühling. Hier braucht man Wände, die vor dem Wind schützen, und als Bedeckung Folie oder Polycarbonat, dies jedoch unbedingt kombiniert mit einer Firstlüftung. Im Sommer wird jedes Gewächshaus zu einer Sauna. Die Beschattungsnetze braucht man hier insbesondere von Juli bis August.

Die Schlussfolgerung: In bewölkten Gebieten und im Norden hat man keine Probleme mit der Sonne – es fehlt die Wärme im Frühling und im Herbst. Im Süden ist alles viel komplexer. Im Frühling gibt es genug Sonne, das ist ein großer Segen. Im Sommer gibt es einen Sonnenüberschuss – ein riesiger Stress.

Machen Sie das Gewächshaus nicht zum Idol und dessen Aufbau nicht zu einem Kult. In verschiedenen Zonen muss man die Gewächshäuser unterschiedlich bauen. Ich schlage vor, dass wir gemeinsam unseren Verstand gebrauchen!

Gewächshaustipps

Die optimale Gewächshauskonstruktion

Wie Sie bereits gesehen haben, zeichnet sich die optimale Gewächshauskonstruktion durch a) ein Minimum an Oberfläche und b) eine möglichst kleine Angriffsfläche für den Wind aus. Der Wind reduziert die Temperatur und kann auch die Konstruktion beschädigen. Anders formuliert: Je niedriger die Seitenwände sind und je kleiner der Segeleffekt ist, den das Dach aufweist, desto besser. Eines der Beispiele ist in der Abb. 33 zu finden. Das beste Beispiel ist das Thermos-Gewächshaus. Es gibt auch gute Beispiele von nicht in die Erde abgesenkten Gewächshäusern. **(Abb. 45)**

Abb. 45

Abb. 46

Selbstverständlich handelt es sich dabei um ein Sommergewächshaus. Einer Schneelast wird es nicht standhalten können. Die günstigsten und einfachsten Gewächshäuser bauen die Chinesen. Deren Baumaterial besteht aus dem billigsten Abfall der Holzproduktion, nämlich aus dünnen Kieferstämmen sowie beschädigten Latten oder Brettern. **(Abb. 46 und 47)** Die Abdeckung erfolgt mit einer Folie. So können zwei Trupps von Arbeitern in ein paar Wochen einige Hektar an Fläche überdecken. Um dem Segeleffekt und der Beschädigung durch den Wind entgegenzuwirken, wird die Folie einfach und effektiv gestrafft, indem man starke Seile von der einen Seite auf die andere Seite spannt. **(Abb. 48)** Fixiert werden die Seile mit Metallstiften oder Armierungsstäben, die tief in die Erde eingeschlagen werden. Wenn die Seile in ihrer Zugkraft nachgeben, kann man sie einfach mit wenigen Umdrehungen nachspannen.

Abb. 47

Abb. 48

Die Erfahrungen cleverer Skandinavier

Meiner Empfindung nach wird das Klima in Europa und im Süden Russlands immer rauer. Deswegen können die Erfahrungen der Skandinavier für uns äußerst nützlich sein. Vor ungefähr zehn Jahren bekam ich von einem meiner Leser ein gutes Buch zugeschickt, und zwar das Werk von B. Erat und D. Woolston: „Das Gewächshaus in deinem Haus", eine russische Übersetzung aus dem Finnischen. Das Buch ist wunderbar! Darin fand sich eine detaillierte Erläuterung aller Aspekte des Baus von Gewächshäusern im hohen Norden, insbesondere der an Gebäude angebauten Typen von Wintergärten. Nachfolgend führe ich das auf, was mir beim Lesen am interessantesten erschien.

Professor Rossi entwickelte eine Gewächshauskonstruktion, die die Sonnenstrahlung bei tiefem Sonnenstand optimal einfängt. Wahrhaftig – es gibt keine Grenzen des menschlichen Denkens! Die Sonnenreflektoren kann man nicht nur innerhalb des Gewächshauses, sondern auch außerhalb platzieren. **(Abb. 49)** So entsteht ein „Gewächshaus-Reflektor".

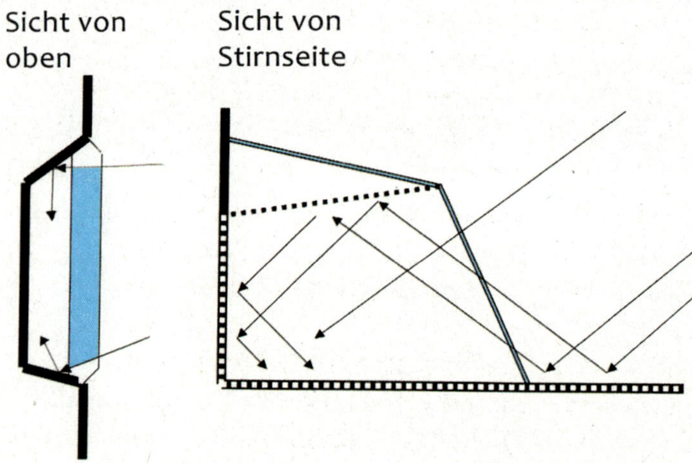

Abb. 49

In schneereichen Regionen dient auch der Schnee als effektiver äußerer Reflektor. Die Gärtner in südlichen Regionen können helle (weiße) Platten, Fliesen oder einen Streifen eines reflektierenden Materials vor dem Gewächshaus auslegen. Als innere Reflektoren eignen sich weiße Farbe oder Spiegelfolie.

Die reflektierenden Oberflächen sind in der Abbildung 49 mit gepunkteten Linien dargestellt. Es ist auch zu erkennen, dass die Neigung des Daches für eine maximale Erfassung des Lichtes ausgelegt ist. Die Ansicht von oben zeigt auch, dass die erweiterten Seitenwände das Sonnenlicht einfangen und es so lange wie möglich reflektieren. Das sind echte Sonnenfänger!

Besonders effektiv ist so ein Gewächshaus, wenn es im Gebäude „vertieft“, also eingelassen wird (Sicht von oben auf der gleichen Abbildung – genau so eine Variante). Es ist eine Tatsache, dass durch die Verbindungen in den Wänden viel mehr Wärme verloren geht als durch eine einfache isolierte Verglasung. Es gibt nur ein Problem mit der einfachen Verglasung, sie friert im Winter wegen des Kondenswassers ein. Im Allgemeinen gilt: je kleiner die Glasfläche, desto geringer der Wärmeverlust. Die Wände des Hauses wärmen das Gewächshaus, gleichen die Temperatur aus und schützen die Pflanzen gegen die Frühlingsfröste. Im Winter kann man zur Wärmespeicherung schwarze Steine auf den Boden des Gewächshauses legen oder den Boden einfach mit einem dunklen Material bedecken.

Warme Luft strömt bekanntlich nach oben. In angebauten Gewächshäusern erweist es sich als zweckmäßiger, anstelle von Fensteröffnungen Abzugsrohre zu installieren. Der Zug in so einem Abzugsrohr ist von der Länge (= Höhe) und dem Durchmesser des Rohres abhängig und dieser kann unter Umständen sehr stark sein. Für ein Gewächshaus mit 20 Quadratmetern Grundfläche ist ein Abzugsrohr mit einem Durchmesser von 25 Zentimetern plus eine leichte Beschattung viel effektiver als ein Ventilator von 140 Watt Leistung!

Je länger das Rohr, desto stärker der Zug. Jeder zusätzliche Meter an Höhe entspricht einer Erweiterung der Durchmesserfläche um 12 bis 15 Prozent oder einer Temperaturabsenkung von eineinhalb bis zwei Grad Celsius. So kann ein Abzugsrohr von sieben Metern Höhe und mit einem Durchmesser von 25 Zentimetern selbstständig, ohne jeglichen Ventilator, in einer Minute das gesamte Luftvolumen eines Gewächshauses mit einem Volumen von 45 Kubikmetern absaugen. Dabei wird die Temperatur von plus 40 Grad Celsius auf 30 Grad Celsius gesenkt.

Ein interessanter Hinweis: In so einem in ein Gebäude integrierten Gewächshausbereich von 25 bis 30 Quadratmetern Fläche verbringen die Menschen etwa 700 Stunden pro Jahr. Davon sind etwa 200 Stunden Erholung und etwa 500 Stunden Arbeit! Das heißt täglich etwa ein bis zwei Stunden. Das sind aber leider die Leute, die es nicht schaffen, clever zu faulenzen. Wir sind aber verpflichtet, ein viel besseres Ergebnis zu erzielen. Das sähe dann in etwa so aus: 150 Stunden für die Arbeit und 550 Stunden für die Erholung – das ist unser Weg!

Die Erfahrungen amerikanischer Landwirte

Wenn wir nicht ein komplexeres System gewählt hätten,
hätten wir nie erfahren, dass das
gar nicht nötig ist.

Eliot Coleman

Hier sind Beispiele, wie es amerikanischen Gärtnern gelingt, mit dem Ertrag aus den eigenen Gewächshäusern der Marke „Eigenbau“ zu überleben. Das habe ich aus alten Zeitschriftenausgaben von „Der neue Gärtner und Bauer“ erfahren.

Steve Moore aus dem Bundesstaat Washington heizte seine Gewächshäuser zuerst wie alle anderen mit Gas. Eines schönen Tages rechnete er nach: Innerhalb von zehn Tagen verschlang es 675 Liter Propangas! Steve begann zu experimentieren. Nach ein paar

Jahren des Tüftelns kam er auf eine einfache Gewächshauskonstruktion aus Plastikröhren und Holzbrettern mit einer doppelten Folienbeschichtung. Eine stabilisierte Folie leistet während sechs bis sieben Jahren gute Dienste. Die Wege sind aus Beton oder Ziegeln. Steve hat die für ihn optimale Form des Daches gefunden. Sie ist quasi „gotisch", das heißt, das Dach ist nicht rund, es ist einem gotischen Spitzbogen ähnlich; er hat das Gewächshaus in einer Ost-West-Ausrichtung angelegt. So speichert es mehr Wärme. Für die Belüftung verwendet Steve sehr breite Türen und große Fenster an der Stirnseite. Der Boden in seinen Gewächshäusern wird biologisch gepflegt und es gibt keine Probleme mit Krankheiten.

In Steves Gewächshaus befinden sich fünf lange Beete von je einem Meter Breite. Im Winter werden sie bei Frost mit einer zusätzlichen Vliesschicht bedeckt. Diese wirft man über die zuvor montierten Bögen aus Kunststoffröhren. Das Ergebnis: Das 29 Meter lange und 8,5 Meter breite Gewächshaus (Grundfläche 246,5 Quadratmeter) versorgt 130 Familien mit Gemüse. Die Bodentemperatur sinkt nie unter 12,5 Grad Celsius. Bei einer Temperatur von minus 27 Grad Celsius in der Nacht beträgt die Lufttemperatur in den geschützten Beeten minus acht Grad Celsius. Frostresistente Kulturen wie Weißkohl und Salate kommen mit diesen Temperaturen gut zurecht.

Steve baut im Winter viele Gemüsearten an, aber auch insbesondere Kartoffeln. Er pflanzt die Kartoffeln Ende Dezember aus und erntet die Knollen bereits im März. Frühe Kartoffeln sind ausgesprochen süß und verkaufen sich sehr gut. Dasselbe funktioniert übrigens auch mit Karotten.

Im März beginnt das schnelle Wachstum aller Pflanzen und die Vliese werden von den Kunststoffbögen entfernt. Diese kann man jetzt für die Tunnel im Freien verwenden. Im Sommer wachsen im Gewächshaus Tomaten, Paprika und Auberginen. Der Ertrag ist beeindruckend. Auf 12 Quadratmetern erzielt Steve einen Ertrag von 608 Stück Auberginen mit einem Gesamtgewicht von 78 Kilogramm. Auf neun Quadratmetern erntet er 923 Stück Paprika mit einem Gesamtgewicht von 75 Kilogramm. Das sind sieben- bis acht mal mehr als eine Durchschnittsernte in den USA. Steve sät im Gewächshaus ein wenig Buchweizen, Schafgarbe und andere Kräuter aus, um „Nützlinge" anzulocken. Er verwendet absolut keine Chemikalien. Auf seinem biologisch gepflegten Boden sind alle Pflanzen gesund.

Eliot Coleman aus dem US-Bundesstaat Maine wird als der „Magier der Wintergemüse" bezeichnet. Er schrieb das Buch „Farming the Back Side of the Calendar". Dieses wurde leider nie auf Russisch übersetzt. (Mehrere seiner Bücher gibt es auf Deutsch und natürlich auf Englisch zu kaufen, *Anm. der Übersetzer.*)

Seine Gewächshäuser sind mit einer Schicht aus UV-beständiger Folie eingedeckt. Die Beete im Inneren erhalten einen zusätzlichen Schutz aus Vlies. Das Vlies fixiert man einfach mit Wäscheklammern auf den Drahtbögen, sodass es, wenn es durch Kondenswasser beschwert wird, nicht durchhängt. Diese Vorgehensweise schützt die Blätter der Pflanzen vor dem Einfrieren. Diese doppelte Abdeckung ist mittlerweile als die „Coleman-Methode" bekannt.

Die Erfahrungen Colemans haben gezeigt, dass eine Vliesschicht nicht viel schlechter ist als zwei. Es ist sicherlich zwei bis drei Grad Celsius kühler darunter, dafür gibt es etwa 10 Prozent mehr Licht, was für die Pflanzen im Winter wichtiger ist als Wärme. Im Winter schwankt die Temperatur von minus sieben Grad Celsius in der Nacht bis plus 30 Grad Celsius tagsüber. Eine weitere seiner Feststellungen ist, dass die kältebeständigen Pflanzen nicht so auf die Temperatur an sich reagieren, sondern auf die Durchschnittstemperatur. Diese schwankt zwischen plus acht Grad Celsius bis plus 13 Grad Celsius. Das erlaubt es, eine stattliche Auswahl an Gemüsearten im Winter zu ziehen.

Ein Auszug aus dem Buch Colemans: „Wenn man zum ersten Mal Bekanntschaft mit dem Gemüseanbau im Winter macht, hinterlässt der zweimalige Besuch in unseren Gewächshäusern einen überwältigenden Eindruck. Der erste Besuch erfolgt am Morgen nach einer Frostnacht und der zweite einige Stunden später. Am Morgen kann man die Abdeckung kaum anheben, da sie wegen des Kondenswassers eingefroren ist. Darunter sehen Sie ein düsteres Bild von erschlafften und vom Frost gebeutelten Blättern. Dann denken Sie: War jetzt tatsächlich alles umsonst? Aber wenn Sie nur wenige Stunden später das Gewächshaus erneut betreten, zeigt sich Ihnen ein ganz anderes Bild! Die aufgegangene Sonne hat die Luft im Gewächshaus, sogar durch die Wolken, bis in den positiven Bereich erwärmt. Wenn Sie das Vlies jetzt anheben, sehen sie ordentliche Reihen von Gemüsepflanzen mit starken, gesunden Blättern aller Farben – Grün, Gelb, Rot, Bordeaux. So kommt ein Gefühl des ewigen Frühlings auf!" **(Abb. 50)**

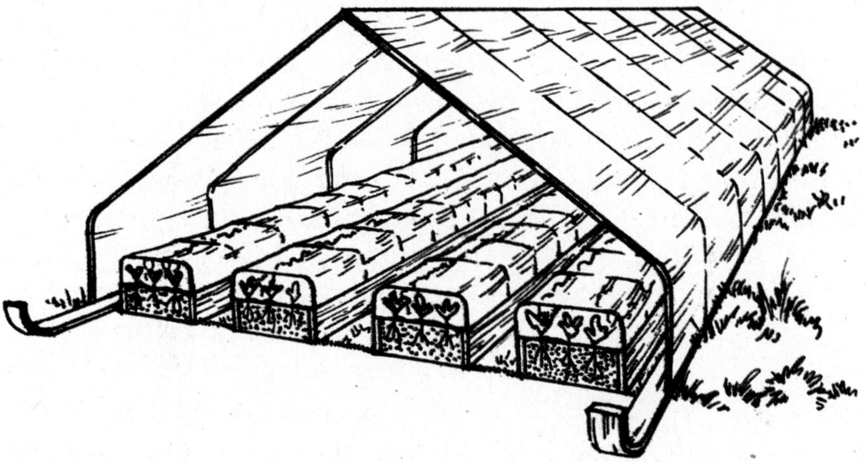

Abb. 50

Die Erfahrungen haben auch gezeigt, dass das Pflanzenwachstum bei einer Tageslänge von unter zehn Stunden praktisch aufhört. Am 44. Breitengrad (Kuban, Krim) dauert diese Pause vom 7. November bis zum 7. Februar.

Coleman nennt diese Zeit „ die Monate der Persephone". Persephone war in der griechischen Mythologie die Tochter Demeters, der Göttin der Fruchtbarkeit der Erde, die gezwungen war, die Zeit der „tief stehenden Sonne" in der Unterwelt des Königreichs Hades zu verbringen. Deshalb ließ Demeter, die sich nach ihrer Tochter sehnte, die Erde kahl werden. Kälteresistente Kulturen, wie zum Beispiel Spinat, Mangold, Salate, Kohl, Wirsing, die im Herbst ein gut entwickeltes Wurzelsystem aufweisen, wachsen unter dem Vlies langsam weiter. Die jungen Triebe der November- oder Dezemberaussaat warten geduldig auf die längeren Tage, legen dann aber ein äußerst rasantes Wachstum an den Tag und bringen den frühesten Ertrag.

Im Winter verkaufen die Colemans Mischsalate, Karotten, Spinat, Radieschen, Rettich, Lauch, Schalotten, Chinakohl, Brunnenkresse und Rucola. Etwas empfindlicher gegenüber Kälte und Lichtmangel sind einige Zwischenkulturen: junge Rote Bete, junge Kartoffeln, überwinternde Zwiebeln, Brokkoli, Speiserüben und Kopfsalat. Dieses Gemüse verkaufen Colemans am Anfang oder am Ende der Wintersaison.

Wintersalatmischungen bestehen nur aus wirklich winterharten Kulturen: Dazu zählen rote und grüne Blattsalate, Chicorée, Spinat, Brunnenkresse, Mangold und Rucolasalat. Die jungen Blätter dieser Pflanzen überstehen den Frost besser als ältere. Weniger kälteresistente Kulturen wärmt man bei starkem Frost mit einem kleinen Lufterhitzer auf.

Spätkarotten sind ein sehr vorteilhaftes Gemüse – sie werden im August ausgesät. Colemans Gewächshäuser sind mobil. Sie stehen auf Kufen und können wie Schlitten umhergezogen werden. Dank dieser cleveren Erfindung verlängert Eliot die Abdeckzeit und verdichtet das „Gemüseförderband" – so wird das Gewächshaus im Oktober über die Beete mit den Karotten geschoben. Geerntet werden die Karotten von November bis Februar. In diesen Wintermonaten werden sie von Monat zu Monat süßer. Winterkarotten sind ein wahrer Genuss im Vergleich zu Sommerkarotten. Die Colemans verkaufen diese mit Blattstielen von drei bis vier Zentimetern Länge, was sie noch attraktiver aussehen lässt. So erlesen präsentiert, lassen sie sich zu einem noch besseren Preis verkaufen.

Radieschen eignen sich hervorragend als Zwischenkultur. Die Colemans säen sie Ende September und Ende Januar aus und ernten sie im Dezember beziehungsweise im März. In dieser Zeit ist die Qualität der Rübchen am höchsten und die Nachfrage ist enorm.

Schalotten sind sehr winterhart. Gewöhnliche Zwiebeln kann

man im August auspflanzen und überwintern lassen. Im Mai sind sie dann erntereif. Rote Bete lässt sich, am besten mit Kraut, im späten Herbst und zu Beginn der Frühlingszeit verkaufen. Kresse ist im Winter auch sehr beliebt. Die Colemans ziehen ebenfalls frühe Kartoffeln, die Anfang Mai geerntet werden.

Eliot erzielt auf jedem Quadratmeter seiner Gewächshäuser drei Ernten. So pflanzt er zum Beispiel nach der Ernte der Winterkarotten, so um den 15. März, Frühkartoffeln aus. Melonen rücken etwa am 10. Mai den Kartoffeln nach. Im Anschluss an die Melonen folgt eine Gründüngung aus Hafer oder eine Roggen-Wicken-Mischung.

Dann zieht das mobile Kufengewächshaus um. Gegebenenfalls lässt Coleman den Zyklus auch bis im Frühling mit Wintergemüse weiterlaufen. Wenn dem so ist, folgt nach dem 15. April die Zeit der Tomatensetzlinge. Im September sät Eliot Klee direkt unter die Tomaten zur Verbesserung der Bodenfruchtbarkeit. Mist verwenden Colemans nicht. Sie setzen nur gelegentlich hochwertigen Kompost ein.

Denselben Weg wie die Colemans beschreitet auch Lynn Byczynski aus Kansas. Zwei ihrer Gewächshäuser, beide 6 x 29 Meter groß, haben sich bereits im ersten Jahr doppelt rentiert. Das Dach ihrer Konstruktionen ist abgerundet. Das große Volumen vermindert die Überhitzung. Eine zusätzliche Belüftung wurde trotzdem unumgänglich, da einige Pflanzen zu kränkeln begonnen hatten.

Gedeckt mit einer Schicht aus Folie, sind die Gewächshäuser zusätzlich mit einer Vliesbedeckung über den Beeten ausgestattet. Wenn es draußen minus 27 Grad Celsius kalt ist, sinken die Temperaturen im Gewächshaus nur auf minus 13 bis 15 Grad Celsius. Unter diesen Bedeckungen überwintern Salate und andere frostresistente Kulturen normal. Gut überwintern auch Blumen wie Rittersporn, Nelken und so weiter. Sie leiden nur unter dem Frost, wenn keine Drainage vorhanden ist.

Auf den hohen Beeten überwintern Blumen wunderbar und blühen sehr früh. Frühe Ernten bringen auch die Märzaussaaten hervor: Glockenblumen, Lisianthus, Löwenmaul sowie dekorative Sonnenblumen wachsen eineinhalbmal größer als üblich. Grüne Gemüsesalate, Spinat, Rucola und Pak-Choi sät Lynn Byczynski im September und Oktober, um sie bis Mitte Dezember zu verkaufen. Grünzeug erzeugt sie während des ganzen Winters. Der Spinat wird zum Winteranfang und danach zeitig im Frühling geerntet. Im Oktober ausgepflanzter Lauch überwintert gut, er wird im Frühling geerntet. Frühe Auspflanzungen von Tomaten und Gurken rechnen sich auch. Die Ernte beginnt zwei bis drei Wochen früher als sonst und dauert bis spät in den Herbst. Die Qualität der Früchte ist ebenfalls ausgezeichnet.

Ich bin einfach fasziniert von der Weisheit solcher Arbeit. Ich gehe hier nicht tief ins Detail, denn jede dieser Erfahrungen verdient ein eigenes Buch. Ich wollte in diesem Abschnitt nur kurz aufzeigen, was alles möglich ist.

Ein nützlicher Fundus – Doppelfolientechnik: clever und günstig

Der beste Wärmeisolator ist ganz einfach Luft zwischen zwei Schichten aus irgendwelchen Materialien. In Sibirien baut man schon seit Langem gewölbte Gewächshäuser aus Holz, deren Rahmen sowohl innen als auch außen mit einer Schicht Abdeckungsmaterial versehen wird. Die äußere Schicht besteht aus Folie oder Polycarbonat, die innere Schicht aus Folie **(Abb. 51)**

Die Folien sind selbstverständlich mehrjährig. Wenn man drinnen einen kleinen Ofen hat, kann man dort bei jedem Frost wohnen. Das Schwierigste daran ist, einen regelmäßig gerundeten Rahmen zusammenzubauen. Dieses Problem löst man, indem man die Bogen aus zwei Schichten bereits abgerundeter Holzlattenelemente zusammenschraubt. **(Abb. 52)**

Solche Elemente kann man mit Werkzeugmaschinen schnell herstellen. Sie sollten mit einem biologischen Holzschutzmittel imprägniert werden. Die Erfahrung hat gezeigt, dass man die unteren Enden der Bogen am besten auf ein einbetoniertes Stahlgestell montiert. So braucht es für die gesamte Konstruktion nur drei Längsschienen anstelle von zehn.

Abb. 51

Abb. 52

Wie man die Seitenwände anhebt

In der Gemüsestation der Timiryasevskaja Landwirtschaftsakademie, wo ich während meines Studiums meine Versuche durchführte, hob man die Folie an den Seiten einfach an. Man drehte an einem Kurbelrad, die Folie wickelte sich um ein Rohr und wurde dadurch angehoben. **(Abb. 53)**

Abb. 53

Die Aufwickelvorrichtung bestand aus einem hohlen Rohr mit einem Kurbelrad. Wenn man mit dem Aufrollen fertig war, musste man nur das Kurbelrad mit einer kleiner Stange oder einem Stecken am Griff fixieren. Auf der Abbildung sehen Sie eine solche Vorrichtung. Aber unsere Landwirte machen es noch einfacher.

Die Folienwände des Landwirts Yuri Tsikov sind zwischen zwei Reihen gespannter Seile platziert. **(Abb. 54)**

Abb. 54

Wenn eine Belüftung vonnöten ist, hebt man die Folie an

und fixiert diese mit Wäscheklammern am Seil. Soll die Belüftung beendet werden, entfernt man die Wäscheklammern und die Folie fällt wieder hinunter. Um zu erreichen, dass sie besser in die geschlossene Position zurückgleitet, zieht man am unteren Ende ein dünnes, aber eher schweres Elektrokabel durch einen Saum.

Ein cleverer Haken

Dieser „clevere Haken" ist auch eine Entwicklung Yuri Tsikovs **(Abb. 55)**. Wir sparen uns damit die Mühe, die Knoten für die Aufhängung von durchhängenden Pflanzen wie zum Beispiel Tomaten immer wieder zu lösen und danach wieder neu zu verknoten, wenn wir die Gewächse hochziehen wollen. Einfach eine oder zwei Umdrehungen aufwickeln, und der Busch ist hochgezogen. Zudem hat man so die zweite Hand frei, um den Busch zu stützen.

Abb. 55

Zum Schluss ein kleiner, aber wertvoller Ratschlag. Was gibt es nicht alles für unterschiedliche Knoten, die die Gärtner zum Festbinden der Pflanzen verwenden. Diese umständliche Kleinarbeit ist sehr unproduktiv. Zuerst nervt man sich beim Aufbinden, dann beim Hochziehen und spätestens im Herbst beim Aufräumen im Gewächshaus. Beim richtigen und effizienten Anbinden können wir jedoch auf die Erfahrung von Profis zurückgreifen, die nicht einzelne Büsche, sondern Hektar davon rationell anbinden. Das Ganze soll

Abb. 56

a) in Sekundenschnelle erledigt sein, b) dem Stängel Bewegungsfreiheit lassen, c) es erlauben, den Busch innerhalb von Sekunden hochzuziehen. Zum Glück wurde mir genau das an der Landwirtschaftsakademie beigebracht.

Und hier kommt es:

1. Das Knäuel mit der Anbindeschnur platzieren Sie auf Ihrer rechten Seite. Die Schnur ziehen Sie von innen aus dem Inneren des Knäuels (Also nicht von außen abwickeln!) Nur so gleitet die Schnur selbstständig, ohne zu verheddern und gänzlich ohne unnötige Bewegungen.

2. Mit einer einzigen Bewegung befestigen Sie das Ende mit einer einfachen Schlaufe am Draht und ziehen es leicht an. **(Abb. 56)** Dann gehen Sie in die Hockstellung und schneiden das andere Ende

Abb. 57

nah am Boden ab. Dann umschlingen Sie die Pflanze mit zwei, drei Umdrehungen mit der Schnur am unteren Ende des Stängels und befestigen das Ende, indem Sie das Schnurende unter der Schnur durchziehen. **(Abb. 57)** Ziehen Sie die Schnur jetzt leicht an, indem Sie diese ein wenig nach unten verschieben, und umschlingen den Stiel mit der Schnur. Das ist schon alles!

Ich wünschen Ihnen viel Erfolg und reiche Ernten.
Gott helfe Ihnen ... und Sie Ihm!
Ihr
Nikolay Kurdyumov

DAS GROSSE HANDBUCH WALDGARTEN

Biologischer Obst-, Gemüse- und Kräuteranbau auf mehreren Ebenen

Von *Patrick Whitefield*

ISBN: 978-3-922201-25-0

In einem „essbaren" Waldgarten besteht die Baumschicht beispielsweise aus Obst- und Nussbäumen, die Strauchschicht aus Beeren- und Nusssträuchern, die Krautschicht aus (möglichst) mehrjährigen Gemüse- und Kräuterarten usw. Weder Schatten noch Nährstoffkonkurrenz sind Hindernisse. Gemeint sind große wie kleine Gärten, die wie Miniatur-Waldlandschaft gestaltet werden. Es ist eine völlig neue Art zu gärtnern. Man muss seinen Garten ja nicht gleich ganz umgestalten.

PERMAKULTUR UND KLIMAWANDELANPASSUNG

Inspirierende ökologische, soziale, wirtschaftliche und kulturelle Lösungen für Resilienz und Transformation

Von *Thomas Henfrey* und *Gil Penha-Lopes*

ISBN: 978-3-947413-01-0

Permakulturpraktiker haben jahrzehntelang kreative Antworten auf Änderungen der lokalen klimatischen Bedingungen gefunden. Auf diese Weise haben sie ein kollektives Wissen entwickelt, das für die weltweiten Bemühungen im Umgang mit dem Klimawandel von unschätzbarem Wert ist. Das Buch bietet detaillierte Beschreibungen praktischer Anwendungen anhand von Fallstudien aus der ganzen Welt.

MULCH TOTAL

Ein Weg in die Zukunft

Von *Kurt Kretschmann* und *Rudolf Behm*

ISBN: 978-3-922201-18-2

Über 60 Jahre bewirtschaftete Kurt Kretschmann naturnahe Gärten zur Eigenversorgung mit hochwertigen Lebensmitteln. Während dieser langen Zeit hat er viel ausprobiert und blieb beim 'Total-Mulch-Garten', dem 'Garten der Zukunft', wie er selbst als Quintessenz seiner jahrzehntelangen Gartenarbeit formulierte. Als prominenter Naturschützer beschreibt Kretschmann ebenso anschaulich und leicht nachvollziehbar, wie er der gefährdeten Tierwelt in seinem Garten helfen konnte. Im zweiten Teil des Buches berichtet Rudolf Behm über seinen Werdegang vom konventionellen Hausgärtner zum leidenschaftlichen Mulchgärtner.

Alle Bücher erhältlich unter: www.olv-verlag.eu

GEHEIMNISSE DER FRUCHTBAREN BÖDEN

Die Humuswirtschaft als Bewahrerin unserer natürlichen Lebensgrundlagen

Von *Erhard Hennig*

ISBN: 978-3-922201-09-0

Die schleichende Boden- und Grundwasservergiftung und der vielerorts auftretende Humusmangel unserer Kulturböden, ausgelöst durch die Vernichtung der Humussphäre mit ihren systemischen Bodenlebewesen sowie der Verlust an lebenswichtigen Mineralstoffen, wirken sich ganz offensichtlich immer gravierender auf die Gesundheit der sich von solchen Böden ernährenden Menschen und Tieren aus. Der Ökolandbau-Pionier Erhard Hennig weiß Rat: er lässt seine Leser am faszinierenden, geheimnisvollen Leben noch gesunder Böden teilhaben und vermittelt das uralte Wissen unserer garten- und ackerbautreibenden Großeltern zur fachlich richtigen Anwendung der Kompost- und Humuswirtschaft.

REVIVAL DER WALNUSS

Neues und altes Wissen zum Walnussanbau in Deutschland

Von *Vivian Böllersen*

ISBN: 978-3-922201-95-1

Ob im privaten Anbau, in der neu entstandenen Waldgartenszene, in Forst- und Plantagenwirtschaft, Holzindustrie, Stadtbegrünung, Obstbau oder chemischer Industrie – nahezu jeder Teil der Walnuss kann einer wirtschaftlichen Verwertung zugeführt werden. Der Walnussbaum besitzt zudem eine relativ hohe Anpassungsfähigkeit, denn die wärmebedürftige Walnuss kommt bei uns besser als manch andere Baumart mit dem Klimaerwandel zurecht und wird daher wohl auch als Waldbaumart an Bedeutung gewinnen.

CLEVER GÄRTNERN

Selbstversorgung und Permakultur

Von *Nikolay Kurdyumov*

ISBN: 978-3-922201-9

Zahlreiche direkt in die Praxis umsetzbare Anleitungen, Ratschläge, Tipps und Tricks aus dem Selbstversorger- und Permakulturgarten des Autors aus dem ländlichen Rußland. Nikolay Kurdyumov teilt in diesem Buch seine in Jahrzehnten gewonnenen Erfahrungen und lässt bewährte Gartenweisheiten und altes Wissen vieler russischer Gartenpraktiker der letzten 100 Jahre wieder aufleben und stellt sie in diesem Buch zur Verfügung.

Alle Bücher erhältlich unter: www.olv-verlag.eu

HUMUSSPHÄRE Ein Stoff oder ein System?

Von *Herwig Pommeresche*

ISBN: 978-3-922201-50-2

Der Autor hat zahlreiche kaum bekannte Forschungsarbeiten gründlich unter die Lupe genommen und mit den üblichen konventionellen Landwirtschaftsmethoden verglichen. Er hat dabei herausgefunden, dass wir offenbar ein unzureichendes Verständnis haben von den Mechanismen, mit denen Pflanzen ihre Nährstoffe aufnehmen und verarbeiten. Pflanzen können nicht nur Nährstoffe in Form von gelösten (Dünge-)Salzen aufnehmen, sondern auch durch Umstülpung ihrer Feinwurzelzellen größere Nahrungspartikel aufnehmen und ins Zellinnere befördern. Sie können sich auch größere Moleküle und sogar ganze Zellen (wie Bakterien) einverleiben, und zwar – und das ist das Interessante daran – auch in lebender Form. Die Mineralsalz-Düngemethode ist seit ihrer Einführung Mitte des 19. Jahrhunderts nie infrage gestellt worden – trotz der vielen Probleme, die sie verursacht.

KOMPOSTREVOLUTION Natürlich gärtnern mit Wurmhumus

Von *Helmut Schimmel*

ISBN: 978-3-922201-87-8

Die Wurmkompostierung zum Beispiel mit der Art Eisenia foetida ist eine hervorragende Alternative zu herkömmlichen Kompostierungsverfahren, die im Allgemeinen unter teils hohen Energieverlusten leiden. Gemeinsam mit dem großen Heer der Mikroorganismen ist der Regenwurm generell der wahre Held im Untergrund. Er ist der Bodenbildner schlechthin, eben nicht nur in der freien Natur, sondern auch im Garten- und Landbau bei der Kompostierung. Der Autor schöpft er aus seinem großen, über Jahrzehnte erworbenen Wissensschatz, von dem er mehr als reichlich an seine Leser abgibt.

GÄRTNERN IM BIOTOP MIT MENSCH

Das praktische Permakultur- und Biogarten-Handbuch für zukunftsfähiges Leben

Von *Gerda* und *Eduard W. Kleber*

ISBN: 978-3-922201-31-1

Das erste grundlegende Permakultur-Handbuch von deutschsprachigen Autoren für die gemäßigte Klimazone!Die Autoren stellen ein gut durchdachtes Mischkonzept aus der Biogarten- und Permakulturpraxis vor das in erster Linie die Erzeugung von qualitativ hochwertigem Gemüse und Obst im Hobbygarten zum Ziel hat. Die ökologischen Aspekte werden dabei als Chance erkannt mit und nicht gegen die Natur zu arbeiten. Ein wichtiger Faktor in diesem Konzept ist der gelungene Versuch, möglichst viele Gartenelemente miteinander zu vernetzen, und deren Mehrfachfunktionen zu erkennen und sinnvoll zu nutzen.

Alle Bücher erhältlich unter: www.olv-verlag.eu